平凡社新書
894

「武国」日本
自国意識とその罠

佐伯真一
SAEKI SHIN'ICHI

HEIBONSHA

「武国」日本●目次

はじめに……9
日本人の自意識／平和とサムライ／「神国」意識と「武国」意識

第一章　「神国」日本……15

1　「神国」とは何か……16
日本　ヨイ國、強イ國／神功皇后説話／神功皇后説話の変容／神功皇后説話の影響

2　平安・鎌倉時代の神国意識……24
神に守られる国／神を祭る国／神々の充満する国／野蛮未開の「神国」
神国と辺土のバランス／『平家物語』「教訓状」／皇室擁護・自国優越意識との関連
神頼み／神の力と「もののふのてがら」

3　蒙古襲来と自国観……43
「よろづの国にすぐれたる国」／日本の武具と武士の優越／東巌慧安の自意識と妄想
「武」は国家を乱す／「神風」としての総括／文永の役と武士の活躍
鎌倉武士たちの関心と視点／神国思想と蒙古襲来

第二章　弓矢の誇りと「武」の価値……61

1　弓矢の誇り……62
『松浦宮物語』／和国は兵の国／「武」の自意識の芽生え／弓矢の誇り
弓矢自慢と中国との対比／日本の合戦／大矢を射る武士たち
弓矢の誇りと「東夷」意識の克服／自国意識の成長

2　「武」の価値と軍記物語……83
軍記物語と「武」／『平家物語』と戦争被害／『平家物語』の義経
武士＝夷への蔑視／「文武二道」／下降史観と「武」／東アジアの「文」重視
「武威」の用法／時代の変化と価値観の変化

3　武士の自意識の発達とその表現……106
「兵の道」／『平家物語』の「弓矢の道」／『太平記』の「弓矢の道」
『太平記』と武士／『義貞軍記』という作品／『義貞軍記』の「道」
『甲陽軍鑑』の「武士道」／武士と和歌／「文」への対抗としての「武」

第三章 「武国」意識の成立と展開…………131

1 秀吉の「武国」意識と朝鮮出兵…………132

日本弓箭きびしき国／秀吉の武国認識／「武」の日本、「文」の中国
吉野甚五左衛門の自国認識／吉野甚五左衛門と文禄の役
慶長の役と『朝鮮日々記』／朝鮮出兵の終わりと語りの始まり
朝鮮出兵の美化／批判と反批判／近松門左衛門「本朝三国志」／民衆に残る記憶

2 「武国」意識の理論化…………157

「武国」理論の登場／吉川惟足の「武国」論／「武国」史観／吉川惟足の位置
山鹿素行の「武徳」論／『中朝事実』の背景／山鹿素行の歴史観
「天瓊矛」と井沢長秀／「武国」論の定着／明清交替と「武」の下降史観
自他共に認める「武国」／「武」の下降史観の変質／会沢正志斎『新論』の歴史観
近頃の武士はたるんでいる

3 ナショナリズムと「文武」…………187

幕末の危機と『尚武論』／『尚武論』の歴史観／『尚武論』の反「文」と「武士道」

「武国」論と儒学／ナショナリズムと儒学・国学／建前と本音、理想と現実
「武国」論と反知性主義

第四章 「武国」から「軍国」へ……203

1 「武国」意識の広がり……204
「武国」意識と庶民／『漂流記談』／漂流者音吉の「武国」意識
アメリカは日本の武威を恐れたか／武国意識と義経の物語
蝦夷地への関心の高まり／近松門左衛門の問題／英雄渡航伝説
義経渡満説／義経ジンギスカン説の登場／義経ジンギスカン説と小谷部全一郎

2 幕末維新期の「武国」論……231
吉田松陰の「武国」意識／「急務策一則」の危機意識／『幽囚録』の歴史観
『幽囚録』と近代日本／尊皇の志士・平野国臣／「武国」論と明治維新

3 「武国」論と「軍国」日本……242
軍制改革と『軍人勅諭』／『軍人勅諭』の歴史観／『勅諭衍義』と「武国」神話

近代「武士道」論と「武国」論／足立栗園『武士道発達史』
『武士道発達史』と「武国」神話／井上哲次郎の『武士道』／重野安繹と「武士道」論
昭和の歴史学と「武士道」論／戦時下の「武国」論／「軍国」の国民道徳

おわりに……269
「武国」論の流れ／伝統とは何か

参考文献……274
依拠テキスト……279
あとがき……285

はじめに

日本人の自意識

現代の日本人は、自分の国をどのような国だと思っているだろうか。近年、強く感じるのは、自国を「礼儀正しい」「温和な」「自己主張しない」、つまり平和的で穏健な、おとなしい国であると感じている人が多いことである。自己像というものは、他者から見た客観的な像とは往々にしてズレを生じがちなものではあるけれども、ここ二十年ほどの日本人の像としては、それはさほどおかしなものではないと思われる。また、日本人が平和的で穏健というような自己像、自意識を持つようになったことは、悪いことではないと筆者は思う。平和な七十年余りを経て、日本人はようやくそのような自己像を持てるようになったのだと言ってもよいのではないか。

しかし、そんな自己像はどれぐらい過去に遡《さかのぼ》れるものなのだろうか。国や民族、人間集団のイメージは変わりやすいものである。たとえば、筒井康隆の『農協月へ行く』（一九七三年）を読めば、つい四、五十年前の日本人が海外旅行をすれば、常に大集団で騒がしく歩き回り、ところかまわず踏み込んで無遠慮に振る舞い、金だけは持っているが文化的な価値などは理解しようとしない困った奴ら——といった目を向けられていたことを思い出す。それは、私の世代にとっては「思い出す」ことだが、今ではそんな過去を全く知らずに、あるいはきれいに忘れて、他国の人々にそんな目を向けている日本人も少なくない。それはもちろん、日本人に限ったことではない。人間は自国や自分の民族などの過去を、自分の狭い体験に基づいて考えてしまいがちである。生身の自分自身が生きた短い期間の体験や記憶に基づいて、遠い過去を、同じようなものと類推してしまうわけである。そこにはさらに、「こうであってほしい」「このようであったらいいな」という願望に支えられた記憶の美化が加わることも多いだろう。

経済成長に浮かれて世界中をのし歩く前には、一時期、小さな貧しい国としての自己像があっただろうし、さらにその前には、強大な武力でアジアを制覇し、大東亜共栄圏の盟主たらんとした大日本帝国があった。それは平和的で穏健な自己像とは対照的なものであるはずだが、それらの記憶は、現在の日本人の自意識の中に、どの程度、あるいはどのような形で残っているのだろうか。

平和とサムライ

現在の日本人は、一方で、「サムライ」という自己像を持っている。野球の代表は「侍ジャパン」であり、男子サッカーの代表は「サムライ・ブルー」である。あるいはまた、時代劇といえば、NHKの大河ドラマをはじめとして、戦国時代や江戸時代などの武士たちを扱う場合が圧倒的に多い。『源氏物語』などの王朝文学は、まず取り上げられないし、歴史ドラマに「お公家さん」が登場する場合は戯画化されることも多い。つまり、自分たちの先祖として、武士を意識する傾向が強いのである。

平和的で穏健なイメージと、力強い武士のイメージ——おそらくそこには、現代日本人が抱いている自己像のねじれが存在している。武士は、戦闘をむねとする人々であった。その武士を中心として、日本人は一六世紀末頃から「武国」と自己規定し始める。そうした意識の延長上に、二〇世紀前半に存在したのが「軍国」日本であった。「軍国」日本が武力を頼みに他国を侵略したという明白な事実は、現代日本人の意識にどれだけ鮮明に残されているのだろうか。

一方で、一六世紀よりも以前へ遡ってゆけば、自分たちの国が武士を中心とした「武国」だなどとは思いも寄らない人々が、この国の多数を占めていたはずだが、それを意識する人は、「軍国」を意識する人よりもなお少ないだろう。実際には、自意識は常に変化し、現在の自分たちからの類推は過去の自国を考える役には立たない。日本人がずっと変わらない自意識を持ち続けてきたはずもないのだが、そのように意識する人はどれぐらいあるのだろうか。

本書で考えたいことは、次の二点である。第一に、日本は「武国」、つまり戦《いくさ》に強い国であるという自意識が最近まで存在したことである。「武国」という自意識は一六世紀末頃から成長し、二〇世紀前半に頂点に達した。しかし、第二に考えておきたいのは、そのような自意識は一五世紀頃まではあまり見られなかったということである。日本人は、なぜ、どのようにして「武国」という自意識を育てたのか、また、それはどのような意識だったのだろうか。

このような考察は、「伝統」とは何だろうか、という問いにつながるはずである。私たちが「伝統」だと思っているものは、ほんとうに古来の伝統なのだろうか。あるいは、どれほど続けば、それを「伝統」と呼べるのだろうか。そもそも、私たちは、自国の過去を十分正確に理解しているのだろうか。

「神国」意識と「武国」意識

ともあれ、現在の日本人が忘れてしまった「武国」という自意識について考えてみよう。日本が武力にすぐれた国、武国だという意識は、古代の日本人にはほとんど存在しなかった。それはおそらく、自分は「武」に生きる存在だと自覚する武士たちが次第に国の中枢に位置するようになるにつれて、国全体の意識となっていったものであり、自国を「武国」と誇る意識は一六世紀末頃になってようやく確認できるが、それ以前にはほとんど見られない。それ以前の日本人の自意識として認められるのは「神国」であり、その「神国」意識も、現代日本人が考えるものとは大きく異なっている。

日本人は古来、どのような自意識を持ってきたのか。まずは「神国」意識について考え、それから「武」に関する意識について、そしてそれが「武国」意識を創り出してゆく過程について、見てゆくこととしよう。

なお、本書では、多くの古典の書物を引用するが、読みやすさを考えて、漢文や文語文は基本的に現代語訳した。また、基本的に、漢字は現在通行の字体に、カタカナはひらがなに改めた。ただし、キー・ワードの引用や、もとの語感を残したい場合は、問題の部分を「　」に入れて、もとの言葉や表記を残したり、（　）内に現代語訳を書き添えるなどの工夫をした。わかりやすい文章は、仮名遣いや字体を変えただけで引用した場合もある。

第一章　「神国」日本

1 「神国」とは何か

日本　ヨイ國、強イ國

日本　ヨイ　國、キヨイ　國。
世界ニ　一ツノ　神ノ　國。
日本　ヨイ　國、強イ　國。
世界ニ　カガヤク　エライ　國。
（『ヨイコドモ　下』十九「日本ノ國」）

あなたは「神国」という言葉に、どのようなイメージを持っているだろうか。右に掲げたのは、文部省が一九四一年に発行し、太平洋戦争中に使われた小学二年生用教科書『ヨイコドモ　下』の一節である。日本を「神国」とする考え方とは、このように、日本を特別な「エライ国」「強イ国」とする考え方であり、天皇を神と崇《あが》める思想であるというイメージを持っている人も多いのではないか。

確かに、二〇世紀前半の日本については、そのイメージのとおりである。この『ヨイコドモ　下』は、巻頭、神武天皇の弓に金の鵄《とび》がとまり、その軍が敵を圧倒する絵から始ま

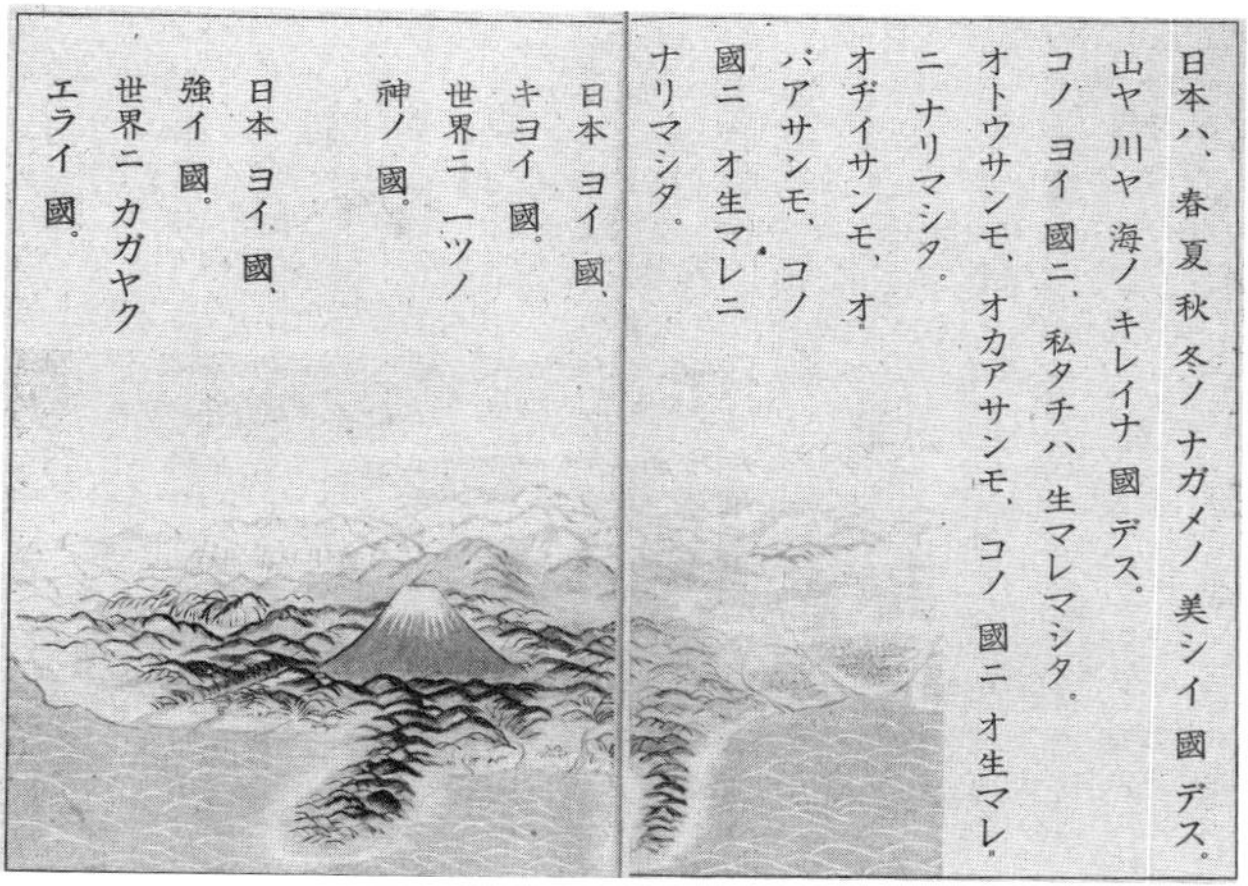

日本ハ、春夏秋冬ノ ナガメノ 美シイ 國デス。
山ヤ 川ヤ 海ノ キレイナ 國デス。
コノ ヨイ 國ニ、私タチハ 生マレマシタ。
オトウサンモ、オカアサンモ、コノ 國ニ オ生マレ
ニ ナリマシタ。
オヂイサンモ、オ
バアサンモ、コノ
國ニ オ生マレニ
ナリマシタ。

日本 ヨイ 國、
キヨイ 國。
世界ニ 一ツノ
神ノ 國。

日本 ヨイ 國、
強イ 國。
世界ニ カガヤク
エライ 國。

『ヨイコドモ 下』十九「日本ノ國」

神武天皇（『ヨイコドモ 下』巻頭）

り、第十九章では富士山を中心とした山々の挿絵の上に右の文が書かれる。そして、続く末尾の第二十章では、日本が世界に威を輝かせるさまを表した挿絵の上に、

私タチハ、先生カラ　イロイロナ　オ話ヲ聞キマシタ。

天皇陛下ノ　アリガタイ　コトガ　ワカリマシタ。天皇陛下ヲ　イタダク　日本ノ國ハ、世界中デ　一番　タフトイ　國デ　アル　コトヲ　知リマシタ。

といった文が記されるのである。そこには、日本を「神ノ國」とする神国思想や、極端な自国優越意識と天皇崇拝、そして日本を「強イ國」とする武国意識が一体となって表現されていると言ってよいだろう。

しかしながら、神国思想と自国優越意識・天皇崇拝・武国意識については、それぞれ別の問題として考えた方がよいと、筆者は考える。神国思想は武国意識とはもともとあまり結びつかないし、自国優越意識や天皇崇拝とさえ、常に重なるわけではないのである。自国優越意識と天皇崇拝、神国思想、そして武国意識が一体化して国民全体を染め上げたのは、日本史において、二〇世紀前半だけだったと言ってよいだろう。二〇世紀前半は、日本の歴史上、至って特殊な時期であった。

しかしながら、「神国」という意識そのものは、決して新しいものではない。日本人の自意識として、古代から近代を通じて共通するものがあるとすれば、神国思想ないし神国

意識だけだと言ってもよいだろう。だが、その内容が、古代と近代ではあまりにも違うのである。

では、古代の「神国」意識とはどのようなものだったのか。まず、「神国」という言葉の初出である『日本書紀』の神功皇后《じんぐう》説話から見てみよう（神功皇后説話は『古事記』にも見られるが、『日本書紀』に比べれば簡略で、「神国」の語は見られない）。

神功皇后説話

『日本書紀』によれば、第十四代とされる仲哀天皇は、九州の熊襲《くまそ》を討とうとしている時に、ある神の託宣を受けた（この神は実は住吉明神《すみよしみょうじん》であることが後で明かされる）。

熊襲は貧しい国であり、それよりも、「この国にまさりて宝ある国」、「眼炎く《まかかや》金・銀・彩色《うるはしきいろ》」に富んだ国がある。その国とは、「栲衾新羅国《たくぶすましらぎのくに》」である。もし私を祭るならば、その国は自ずから服属するだろう。

つまり、朝鮮半島の新羅を攻めよというのである。しかし、仲哀天皇はこの託宣を疑い、熊襲を攻めたがうまくゆかず、病死してしまう。その妻であった神功皇后は、改めて神を祭り、懐妊の身でありながら征西に踏み出す。皇后は、臨月を迎えていたが、生まれてこようとする子に対して、「事を終えて帰ってきてから生まれなさい」と命じ、出発した。

皇后の船が西へ向かうと、風の神は風を起こし、海の神は波を起こし、大魚が浮かんできて船を助けるという具合で、労せずして新羅に至った。

そして、皇后の船と共に、「潮浪《なみ》」が新羅の国土を浸したという。津波のようなイメージであろう。新羅王は戦慄して、こう言った。

吾聞く、東に神国有り。日本と謂ふ。亦聖王有り。天皇と謂ふ。必ず其の国の神兵ならむ。

攻めてきたのは、東にある「神国」の「神兵」だろうと、新羅王が悟ったというわけである。そこで、新羅は降伏し、それからは毎年朝貢することを誓ったと『日本書紀』は述べる。これが、日本の文献における「神国」という言葉の初出である。

津波を起こして他国を征服したなどという物語をそのまま歴史事実だと思う読者も、現代にはいないだろうが、これはもちろん神話の類であり、事実ではない。四世紀末頃から、まだ「日本」という国号を名乗る以前のヤマト朝廷が、朝鮮半島に出兵して戦っていたことは事実だが、この説話は、そうした時代の記憶をもとに作られたというよりは、現実に新羅が朝鮮半島における最大の対立国として意識されるようになった時代に作られたと考えるのが、現在の通説と言えよう。日本と新羅の国交は六世紀頃から始まると見られるが、六六三年の白村江の戦いで、百済《くだら》復興軍と連合した日本は、唐・新羅連合軍に敗北する。

この直前に唐に攻められて滅亡した百済を復興しようとするもくろみが失敗したものであり、以後、新羅は朝鮮半島を統一する。日本は大陸や半島からの反撃に備えて防禦態勢を築いた。その後、八世紀に成立したのが『古事記』や『日本書紀』である。

神功皇后説話の変容

ともあれ、ここで日本を神秘的なまでにすぐれた国として描く「神国」という観念が登場していることは確かである。そして、神功皇后説話が、それ以降、日本人に強い影響を与え続けたことも事実である。神功皇后は帰国して応神天皇を産んだとされ、応神天皇は後に八幡《はちまん》神であると信じられるようになったので、この説話は八幡の縁起に多く引かれる。また、新羅の日本服属を語り、日本の他国に対する優越を示す話として、平安末期頃から大きく変化しつつ、さまざまな書物に引かれ、日本人に大きな影響を与え続けた。

その変化の一つは、平安末期から鎌倉時代の顕昭『古今集注』、『袖中抄《しゆうちゆうしよう》』、『古事談《こじだん》』、『平家物語』、『水鏡《みずかがみ》』等々の多くの作品において、神功皇后を導いたとされる神が、住吉《すみよし》明神《みようじん》の他にも日吉《ひえ》・諏訪《すわ》・春日《かすが》明神など、さまざまに付け加えられることである。

また、この説話は、おそらく鎌倉初期頃に大きく変化した（変化の時期を蒙古襲来以降と見るのは正しくない――佐伯真一）。変化した形は鎌倉前期の『宮寺《ぐうじ》縁事抄《えんじしよう》』や蒙古襲来以前成立の『八幡宮巡拝記』などにも見えるが、有名なのは鎌倉時代後期の『八幡愚童訓《はちまんぐどうくん》』甲本である（同書は八幡の縁起。同名異書と区別するために「甲本」「甲種」などと呼ぶのが通例）。

『八幡愚童訓』甲本の神功皇后説話は長大である。仲哀天皇の代に、異国から「塵輪《じんりん》」が攻めてきた。体が真っ赤で、頭が八つあり、黒雲に乗ってきたという怪物である。仲哀天皇は塵輪と戦い、これを倒したが、流れ矢に当たって自分も死んでしまう。天皇は異国を攻めるよう遺言し、さらに神功皇后に神が憑依《ひょうい》して異国を攻めよと託宣し、異国出征が決まる。夫の復讐に燃える神功皇后は、妹の豊姫を龍宮に遣わし、「旱珠《ひるたま》（乾珠）・満珠《みつたま》」という宝物を得て、対馬《つしま》から敵国に向かう（「旱珠・満珠」は、海幸・山幸の神話に登場する宝珠を転用したものだろう）。皇后は、旱珠を用いて潮を引かせ、突然出現した陸地を敵が渡って攻めてこようとしたところ、満珠を用いて潮を満たして溺れさせ、敵を亡ぼした。そこで、敵国の王は降伏し、「我等日本国の犬と成り、日本を守護すべし」と誓ったので、皇后は弓の筈《はず》で「新羅国の大王は日本の犬なり」と大盤石に書き付けたという（同書の敵国は「異国」と記されることが多いが、途中で「高麗《こうらい》」、この場面では「新羅」と表記され、その後、「新羅・百済・高麗」を征服したとも記される。朝鮮半島を意識していることは確かだが、中世日本人の曖昧《あいまい》な認識を反映したものだろう）。

『日本書紀』や『古事記』に見える神功皇后説話に比べて、異国への敵対心と優越感が強く表現されたものになっている。これは、『八幡愚童訓』甲本が、蒙古の襲来を八幡神の威力によって撃退したことを中心的な主題とする作品であるためだろう。

神功皇后説話の影響

このように変容した神功皇后説話は、この後、八幡縁起の類を中心に多くの書に受け継がれてゆく。秀吉の朝鮮出兵も、当時から神功皇后の例にならったものと意識され、その後も神功皇后の後を継いだ壮挙と評価され続けることは、三章で見てゆくことになる。江戸時代には、八幡縁起の類だけではなく、『絵本三韓軍記』や『神功皇后三韓退治図会《ずえ》』などといった通俗的な物語、絵本の類が刊行されて、一段と人々に親しまれる。一方では、吉田松陰のような知識人が神功皇后と秀吉を並べて賞賛するようにもなってゆく（四章2節）。

近代でも、たとえば、日本の紙幣に最初に印刷された肖像画は神功皇后像だった。明治十四年（一八八一）発行の一円札（神功皇后札）である。神功皇后説話はきわめて著名であり続けたわけだが、近代には単なる物語ではなく、現実に韓国を併合する根拠とされた。現代でこそ忘れられつつあるが、神功皇后説話は、長きにわたって日本人に大きな影響を与え続けたのである。その意味では、「神国思想」が、こうした自国優越意識や排外主義を伴うものとして理解されるのも無理はないと言えよう。

だが、『古事記』『日本書紀』や、『八幡愚童訓』甲本をはじめとする中世の物語においては、隣国を征服するのは神功皇后という女性と神々の神秘的な力、旱珠・満珠の呪力によるものであって、日本の武士たちが活躍する話ではないことには注意しておきたい。また、本話に見える「神国」意識は、平安時代の「神国」の用法とはやや異質で、古代において孤立している感がある。それを次に見てゆこう。

2 平安・鎌倉時代の神国意識

神に守られる国

神功皇后説話の印象は強いが、「神国」という言葉は、『日本書紀』に初めて見えた後、それほど頻繁に使われているわけではない。平安時代にはあまり多く使われた言葉ではなさそうである。そして、その用例は、神功皇后説話のように激しい自国優越意識を示すようなものではない。
たとえば、『日本書紀』以降で最初の用例と見られる『日本三代実録』貞観十一年（八六九）十二月十四日条の例は、次のようなものである。この年の六月以来、現在の博多沿岸あたりに新羅の海賊船がやって来て、税を運ぶ船を襲って絹や綿を奪って逃げるという事件が何度も起きた。また、肥後国（熊本県）や陸奥国（東北地方）では地震が起きるなど、災害が多い。それを何とかしてくれと、伊勢大神宮に奉幣して祈った告文《こうもん》（神に申し上げることばを書き記した文書）の中で、このように言うのである。

我が日本の国は、「神明之国」です。神明のお助け、お護《まも》りをいただけるならば、どうして他国に襲われるような事件が起きるでしょうか。（中略）我が国が「神国」として、神を崇め、かしこまりはばかってきた伝統を、どうか朽ちさせないでください。

要するに、外国船の来寇《らいこう》や地震などの災害から守ってほしいというのだが、その根拠として「神明之国」「神国」という言葉がある。日本は昔から神に祈ることによって災害から守られてきた国なのだから、こうして真剣に奉幣し、祈っているからには是非願いを聞き届けていただきたいというわけである。新羅がからんでいるとはいえ、ここには別段、自国優越意識が表現されているわけではない。「神国」とは、神に守られる国だという意識が表現されているわけである。

神を祭る国

続いて、『宇多天皇御記』（「宇多天皇宸記」とも）仁和四年（八八八）十月十九日条を見てみよう。この前年に即位した宇多天皇が、自ら記したと思われる日記である。

我が国は「神国」である。そのため、毎朝、四方にいます大中小の天神地祇《ちぎ》を敬拝するのだ。敬拝のことは、今から一日も怠るまい。

天皇は民を代表して神を祭る存在である。日本には、八百万《やおよろず》といわれるように、四方八方、いたるところに多種多様な神がいるのであり、それらに失礼のないように毎朝拝礼を欠かさないことが、天皇の重要な務めであると認識しているわけである。

天皇を神として崇めるのではなく、あちこちに存在する神を、天皇が崇めるのだが、もちろん、天皇一人だけが神を崇める責務を負っているわけではない。平信範《のぶのり》の日記である『兵範記《ひょうはんき》』の仁安三年（一一六八）十二月二十九日条は、藤原師長《もろなが》の、「我が国は神国である。国の大事として、祭祀以上に重要なものはない」という言葉を伝えている。その後には、「ところが近年は神事に違例が多く、こんなことでは神の感応は期待できない」という言葉が続く。「これからはしっかり祭祀を務めねばならない」というわけである。神を祭ることは国家の最大の責務であり、天皇を中心とした朝廷が、誠心誠意、祭祀を行うことによってこそ、国家が保たれているというのである。多くの神を祀ることによって国を守ってもらうことが、天皇と朝廷の務めであった。それは、細心の注意を払って遺漏なく遂行されねばならないものであった。

また、鎌倉時代中期に成立した『古今著聞集』は、最初の巻一・一話で次のように述べている。

およそ我が国は「神国」である。大小神々やその一族、あるいはその化身などがいらっしゃって、人々の願いに必ず応えてくださるのである。神功皇后が三韓を征服した際も、天地の神々がことごとく現れなさったということである。そこで、かたじけなくも二十二社の尊い神を選び定めて、永遠に国家を守っていただけるようにしている。天皇から始めて庶民に至るまで、皆が神の徳を仰いでいるのである。

神功皇后説話も引かれているが、それは無数の神々が現れて守ってくれたというものである。朝廷は、そうした無数の神々のすべてに礼を尽くしたいところだが、国家の財政も苦しくなってきて、すべての神をことごとく祭ることはできない。そこで、平安中期以降、伊勢・石清水《いわしみず》・賀茂・松尾・平野・稲荷《いなり》・春日などの二十二の代表的な神々を選んで、朝廷が奉幣などを行ったのが、「二十二社」である。このように、天皇だけではなく、貴族も庶民もすべての人々が、各所におわしますあらゆる神々を尊崇していたわけである。

「神国」とはそういう観念であった。

神々の充満する国

このように、平安時代から鎌倉時代中期頃までの「神国」という言葉は、多くの神が住んでいる国、神々を祭ることによって保たれている国、といった意味を基本としている。この国土の至るところに神が充満していて、人々の願いに応えてくれる、というイメージは、たとえば、次のような話からも理解できるだろう。

鎌倉時代後半に成立したと見られる延慶本《えんぎょうぼん》『平家物語』巻二の鬼界島《きかいがしま》の物語。平判官康頼・少将藤原成経・俊寛僧都は、鹿谷《ししがたに》事件で鬼界島に流された。現在では鹿児島県の川辺三島に属する小島で、当時の貴族たちには地の果てともいうべき孤島であった。流人《るにん》たちは何としても都に帰りたい。康頼はそこで、現地の人々が「岩殿」と名づけて祭っている「エビス三郎殿」という神を、自分も崇め、参拝しようと言う。

この島は地の果てとはいえ、「扶桑《ふそう》神国」に属する島ではあるのだから、やはり神が住んでいるはずだ。

「扶桑」は日本の別称。鬼界島は日本と外国の境界にあると意識されたが、それでも日本という神国のはずれにあるからには、神がいるはずだ。だからその神に参拝して、都に帰れるようにお願いをしようではないか、と、康頼は言うのである。

ところが、俊寛は反対した。

日本は「神国」といって、昔、物部守屋《もののべのもりや》という大臣が神名帳《じんみょうちょう》（神々の目録）を作ったところ、尊崇すべき神々が一万三千もいたという。しかし、そのなかに、〈鬼界島の岩殿〉などという神がいたなどとは聞いたことがありませんね。

というのである。「一万三千」というのは、全国の神々の総数として、中世の書物にしばしば見える数である。それほど多い神々を収録している目録からも漏れてしまうような「鬼界島の岩殿」などという神は、拝むに値しないというわけである。

しかし、康頼はこの神に参拝し、そのあたりの地形が熊野に似ているとして、熊野の神を勧請《かんじょう》し、熱心な参拝を繰り返した。その祈りが通じて、康頼と成経は赦免された。しかし、不信心な俊寛は一人取り残されてしまう。去って行く船を見つめながら、浜辺で「足摺《あしずり》」をして泣き悲しむ、有名な場面になるわけである（なお、右の康頼・俊寛の問答は、現在一般的な語り本『平家物語』にはない）。

この話に見るように、「神国」とはまずもって、神がたくさんいる国、あらゆる場所に神々が充満している国のことである。そして、その神に祈れば願いをかなえてもらえる、ありがたい国のことなのである。

野蛮未開の「神国」

だが、平安時代後半から鎌倉時代にかけて、次第に「神国」を多用するようになった日本人の自意識が、それほど楽天的なものだったわけではない。近年、佐藤弘夫などによって指摘されているように、自国を「神国」とする意識は、この時代には必ずしも尊大な自国優越意識ではないのである。

「神国」には否定的な用法もあった。平安後期の『今昔物語集』巻三・二十六話を見てみよう。舞台は日本ではなく、天竺《てんじく》（インド）の話である。釈迦が仏教を広めようと、各地に弟子たちを派遣した。十大弟子の一人である迦旃延《かせんねん》（カーティヤーヤナ）は、罽賓国《けいひんこく》（乾陀羅国《かんだらこく》。ガンダーラ地方のこと）に遣わされた。その時、迦旃延は言った。

あの国は「神国」で、未だかつて仏法の名も聞いたこともないようなところである。昼も夜も狩猟や漁撈に明け暮れるような野蛮な国である。どうやって教化したらよいというのだろう。

ここでは、「神国」という言葉は、仏教が広まっていない野蛮な地、外道《げどう》の地という意味で用いられている。迦旃延は、まずは女性を教化し、仏法に帰依した美女が后に迎えられて国王を教化して、首尾よくこの国を立派な仏教国とすることができたのだが、「神国」

は、このように野蛮未開を意味することさえある言葉だったのである。

さすがに、「神国」という言葉自体がこれほど否定的な意味で使われることは珍しいが、平安・鎌倉時代の日本は仏教国であり、仏教はインドで生まれた世界宗教であった。世界は「三国《さんごく》」（インド・中国・日本）によって構成されているという、当時の日本人の世界観の中では、日本は世界の片隅にある粟散辺土《ぞくさんへんど》（粟粒を散らしたように小さい辺境の国）であり、インドから中国を経て、最後に仏教が伝わった、遅れた国であった。

『八幡愚童訓』甲本の神功皇后説話は、先に見たように、「新羅国の大王は日本の犬なり」との語を残す、自国優越意識に満ちたテキストだが、その中でさえ、高良《こうら》明神が敵に対して名乗る際には、「日本は『微少卑劣の拙国』ではあるが、同時に『貴重賢哲の神国』でもある」と述べたとしている。「神国」の優越を言う前に、「小さく劣った国ではあるが」と言わざるを得なかったのである。仏教的・グローバルな視点から生まれる劣等感は、それほどまでに、この時期の日本人にしみついていたのであり、「神国」は、尊大な自国優越意識というよりも、むしろ、そうした日本人の劣等感を慰めるために役立った概念なのである。

神国と辺土のバランス

鎌倉初期、鴨長明が記した『発心集《ほっしんしゅう》』の跋文《ばつぶん》を見てみよう（「跋文」はあとがき。なお、この跋文は後人の増補で、長明の真作ではないとする説もあるが、鎌倉時代の日本人の思考のあり方を示すものであることは間違いない）。『発心集』は言う。

日本では、尊い仏たちが、愚かな人間たちのレベルに合わせて、「いやしき鬼神」の仲間になってくださり、魔物を従え、仏法を守って、人々に信仰心を起こさせてくれている。それはもっぱら、人々を救う巧みな方便によることである。

「仏がいやしき鬼神の仲間になる」とは、神というものは、仏が姿を変えて現れたものだとする、本地垂迹説《ほんじすいじゃくせつ》の考え方である。ほんとうに尊いのは仏であって、それに比べれば神は卑しいものだが、日本人は、その神の力によって守られているとする。

我が国は、神の助けがなければ、どうして人民が安らかに暮らし、国土を穏やかに保つことができるだろうか。へんぴなところの小国なのだから、国の力は弱く、人の心も愚かなのだろう。もし神の助けがなければ、魔物によって悩まされたり、大きな他国の王に占領されて、生きた心地もしなかったのではないか。

日本は愚かで弱い小国だが、しかし、神によって守られている。それがなければ、悲惨なことになっていただろうというのだが、ここから論理は反転する。

> あのインドは、世界の中心で、釈迦が誕生した国だけれど、今では仏法の守護神の力が衰えて、仏法が亡びてしまったらしい。あの祇園精舎《ぎおんしょうじゃ》も、礎石が残るばかり、という惨状を呈しているとのことである。ところが、我が国は、イザナキ・イザナミの昔から今に至るまで、長い間、「神の御国」として、神に守られている。「新羅・高麗・支那・百済」(原文ママ)などという有力な国々をも従えて、この末法の時代に、仏法が盛んに広まっている。もし謀反を起こす者があれば直ちに滅ぼし、魔物が仏法を衰えさせようとすれば鬼王となって対処してくださるのが、神のしわざである。

このように、ほんとうに尊いのは神よりも仏であると言いながら、実際には神の力によって我が国は守られている、それによって現実に仏法も盛んであり、仏教の本場でありながら今では仏法が衰えてしまったインドに比べて、さらにはその他の国々に比べても仏法も盛んで最も優れた国となっている——というのが『発心集』の論理であった。

　仏教の価値はもちろん至上である。しかし、仏様は尊すぎて、そのままの姿では、汚れた俗世にあまり関与してくれない。だから、現実の次元で私たちを守ってくれるのは、神なのである。そして、神は本来は仏なのだから、実は神こそが仏教を守ってくれるのである。そういうわけで、我が国では仏教が神によって守られているのであり、神の力によってこそ、仏教的にも優れた国となっているのだ――という形で、辺土意識を克服しているわけである。

『平家物語』「教訓状」

粟散辺土意識と神国意識でバランスを取る精神構造は、鎌倉時代には一般的なものであった。『平家物語』の「教訓状」は、鹿谷事件によって後白河院幽閉を思い立った平清盛を、忠臣孝子の嫡男である平重盛が諫《いさ》め、清盛の衣の下から鎧《よろい》が見えるという有名な場面だが、そこでも同様の言葉が見られる。諸本とも基本的に同様だが、一般的な覚一本《かくいちぼん》によりつつ、重盛の論理を要約してみよう。

我が国は「辺地粟散」の地ではありますが、天照大神の子孫たる天皇と、天児屋根《あまのこやね》尊《みこと》の子孫たる藤原氏が国を治めるようになって以来、太政大臣が鎧を着用するなどというような、非礼の振る舞いがあったでしょうか。また、臣下たるもの、朝廷に叛《そむ》いてはなりません。朝廷から莫大な御恩を受けていながら、法皇の身を危うくしようなどということは、皇室の祖先神である天照大神と八幡大菩薩が許さないでしょう。我が国は「神国」です。「神は非礼を享《う》け給はず」といって、神は非礼をお認めになりません。

「神は非礼を享け給はず」は、中世にしばしば用いられた言葉である。先に見たように、「神国」とは、細心の注意を払って遺漏なく神を祭らねばならない国であり、神に対して非礼があってはならないのである。

ここでは、「我が国は辺地粟散（粟散辺土に同）ではあるが神国である」という論理が、「神国にふさわしい正しい行いをせねばならない」という方向に向かっている。清盛の場合、前太政大臣という、人々の模範にならねばならない立場でありながら、自ら鎧を身につけて、法皇を武力で幽閉しようとするなど、あってはならないことであり、皇室の祖先である神に対して申し訳が立たないことであるというのである。

このように、「粟散辺土」と「神国」は、中世日本人にとって一つのセットになっていたといえるだろう。「我が国は粟散辺土だが神国だ」という言い方で、精神的バランスを保っている様相が窺えるわけである。

皇室擁護・自国優越意識との関連

なお、『平家物語』「教訓状」では、「神国」は、天照大神の子孫たる天皇と、天児屋根尊の子孫たる藤原氏が治める国、また、天照大神や八幡大菩薩によって守られる国という把握を伴っている（前述のように、八幡大菩薩は応神天皇のことであるともいわれ、この時代には天照大神と並ぶ皇祖神とされていた)。鎌倉時代には、このように、「神国」は神の子孫としての天皇(及び藤原氏)を擁護する概念にもなった。

『六代勝事記』は、『平家物語』などに広く影響を与えた鎌倉初期の史論だが、その末尾近くにも、承久の乱の結果、後鳥羽・土御門・順徳の三上皇が遠流《おんる》に処せられたことについて、

我が国は「神国」である。皇位を継いでいるのは天照大神の子孫である。それなのに、どうして三代の上皇が一度に遠流に遭うなどということが起こるのだろうか。

という疑問を記している。「神国」とは、天照大神の子孫が国を治める国という意味でも用いられたわけである。

また、右の『発心集』にも「新羅・高麗・支那・百済などという有力な国々をも従え」ているという記述があったが、「神国」という意識は、粟散辺土の劣等感を克服せんとするあまり、時に自国を過大評価する言説と結びつくこともあった。たとえば、治承四年(一一八〇)の逆乱、即ち、以仁王《もちひとおう》の乱に続いて頼朝が挙兵するという国家の危機に対処するために、院中で行われた法会の表白《ひょうびゃく》(僧の演説)の記録が、『転法輪鈔《てんぼうりんしょう》』という書物に残っている。そこでは、

我が国は「神国」であり、神を崇めることを朝廷の務めとしている。同時に我が国は

「仏地」であり、仏を敬うことを国の政《まつりごと》としている。と宣言した後、神仏を敬い祭ることによって、我が国は古来、何者にも侵されることがなかったのだと述べる。そして、「粛慎《しゆくしん》」「高麗」「新羅」「呉会」といった諸国を従えている、『後漢書』でも日本を「君子国」と言っている——などという自国讃美を連ねている。「粛慎」は北方のツングース族かとされ、「呉会」は中国の呉、あるいは会稽《かいけい》地方をいうか。いずれも日本に服属した事実はないが、『日本書紀』などに、日本との関係が記される近隣の他国や他民族の名を挙げたものであろう。『後漢書』の件は、『後漢書』東夷列伝冒頭に「東方に君子国がある」という伝承を載せているのを、日本のことだと解したものである。平安末期に、こうした過大な自国評価を伴って「神国」が用いられたこともあったわけである。

だが、周辺諸国を従えているとか、『後漢書』で「君子国」と言われているとかといった記述は、この表白のオリジナルではなく、すべて三善清行《みよしきよゆき》の「意見十二箇条」（『本朝文粋』巻二所収）の序論に見える文の引用である。「意見十二箇条」は、延喜十四年（九一四）に提出された政治改革の提案書であり、国家財政の衰微に対する対策を述べたものである。その前提として、日本が古来立派な国であると記したのがこの部分であり、本来は神国思想には関わらない。

「君子国」云々は、もともと『後漢書』東夷列伝が、おそらく『山海経《せんがいきょう》』という空想的な書物に依拠して、東方にあるといわれる伝説的な「君子国」の存在に触れたものだが、それを我田引水的解釈によって日本に結びつけたものと見られる（なお、『続日本紀』慶雲元年〈七〇四〉七月条にも、唐人が日本の使者に対して、日本を「君子国」と言ったとする記述がある）。中国の正史の中に日本を誉めた記述を見つけ出そうとした学者の努力の産物というべきだろう。「日本は中国の正史でも『君子国』と賞賛されている」という言説は、後代にも継承されてゆく（二章1節参照）。自国をすぐれた国だと思いたい、他国からも誉められていると言われたいという心情は、どの時代にもどの国民にもあるわけだろう。別段、神国思想の産物ではない。

このように、「神国」という意識は、鎌倉前期頃までにも、皇室擁護や尊大な自国優越意識と共に語られることもあった。しかし、「神国」は、もともと、国土に多数の神々がいて、それらの神に真剣に祈れば守ってもらえるという観念を中心とした言葉であったと、筆者は考える。天皇を神として崇めるというような思想は、もともと「神国」という観念とはやや異なるものであったし、また、「神国」思想が自国優越意識と本格的に結びついてゆくのは、蒙古襲来以降のことではないかと思われる。

神頼み

だが、蒙古襲来の話に入る前に、「神国」意識のもとで、人々がどのように現実に対処したかについて、もう少し考えておきたい。本書の主題である「武国」意識の問題に関わるからである。

藤原資房《すけふさ》の『春記』長暦四年（一〇四〇）八月二十三日条に、次のような記事がある。この前月に、伊勢神宮の豊受宮《とようけのみや》（外宮《げくう》）の正殿などが、大風により倒壊し、人々に大きな衝撃を与えた。その時の言葉として、

この国は「神国」であるから、もとより警戒は厳重ではなく、神の助けを頼みとしていた。それなのに、世は末になって、大神宮にこのようなことが起きる。これを見ると、もはや神の助けなどないことがわかる。何と悲しいことだろうか。

神国の中心である伊勢神宮の正殿が倒れるなど、あり得ないことで、もとから警戒などはしていなかった。神に任せておけばいいと思っていたのである。ところが、末の世になって、神の助けが失われてしまった。神だけを頼っていた人々は、どうすることもできないというのである。

これは神社の建物が倒壊したという話なので、神に頼るのも当然かもしれない。だが、

同様の思考法は隣国との関係にも表れる。平安末期、賢人といわれた太政大臣藤原伊通《これみち》が二条天皇に献じた『大槐秘抄《たいかいひしょう》』には、次のような一節がある。

大宰帥《だざいのそち》や大宰大弐《だいに》に「武勇の人」が就任すると、必ず異国が事件を起こす。小野好古が大宰大弐だった時も、藤原隆家が大宰帥だった時も、異国が問題を起こした。彼らは、ただ自分自身の武勇を好んでいるだけなのだ。今、平清盛が大宰大弐になって、どうなるかと思っていたところ、やはり高麗で事件が起きたという。高麗は、昔、神功皇后が自ら行き向かって討ち取りなさった国である。（中略）高麗は大国なのに、それを討ち取ったのだから、さぞ日本に対して雪辱をとげたいと思っていることだろう。しかし、日本は神国だというので、高麗だけではなく、隣国は皆恐れて、攻めて来ないのである。

大宰帥・大宰大弐は大宰府の長官と次官で、当時の日本としては対外関係の最前線の責任者である。その職に武を好む者がつくと、対外的な事件が起きるというわけである。

小野好古の大宰大弐在任中には、天慶八年（九四五）に唐人の肥前来航、同九年に国籍不明の外国船の対馬来航事件があった。藤原隆家が大宰権帥《ごんのそち》在任中の寛仁三年（一〇一九）には、刀伊《とい》（女真人）の襲来があった。清盛の大宰大弐在任中の事件は明らかではないが、永暦元年（一一六〇）に対馬の日本人が高麗に捕らえられた事件を指すのだろうか。

だが、これらの事件はどう考えても小野好古・藤原隆家や平清盛の責任ではないだろう。

武を好む者が最前線にいると事件を起こしやすいというのは一面の真理だろうが、ここはそうした理性的な判断ではなく、日本が他国に脅《おびや》かされずにすんでいるのは神国だからであって、現実の武力によるわけではないという、神頼みの思考法が見えるのではないか。「神国」意識とは、人力に頼らずとも、神に誠心誠意お願いしていれば、神が何とかしてくれる国であるという考え方を伴っていたと思われるのである。『大槐秘抄』の例は、神国意識が自国優越意識に結びついている例とも言えるだろうが、それが「武国」といった意識とはほど遠いことを確認しておきたい。

神の力と「もののふのてがら」

このようなとらえ方に対しては、前近代の人々の思考法として、神の力と人間の武力とを明確に区別できるのか、という疑問もあるかもしれない。それはもっともな疑問である。たとえば、戦に勝った時など、現実の合戦の背後で、人間の目には見えない神の力が働いていたのだと信じられたことは多かったと思われる。その場合、どこまでが武力でどこまでが神の力なのかなどと区別して考えることはなかっただろう。

だが、この点については、少し時代の降る次の例を挙げておきたい。室町時代の御伽草

『御曹子島渡』より馬人島（国文学研究資料館蔵『御伽草子』）

子『御曹子島渡《おんぞうししまわたり》』は、若い頃、藤原秀衡《ひでひら》のもとにいた源義経が、千島《ちしま》の王から兵法の巻物を得る物語である（「御曹子」は本来「御曹司」の表記が正しいが、この作品の題名では「御曹子」と表記される）。その物語の冒頭で、義経が兵法の巻物を手に入れなければならないと決心したのは、

日本国は神国にてましませば、もののふのてがらばかりにては成《なり》がたし。

（日本は神国だから、武力だけでは天下を取ることができない）

という藤原秀衡の勧めによるものであった。この勧めによって、義経は、上半身は馬だが下半身は人間という馬人が住む島や、女性だけの住む女護島《にょごがしま》、小人の住む小人島など、不思議な島をめぐる『ガリバー旅行記』のような旅を経て、「千島の都」に至り、身長は十六丈（四八メートル）、手足は八つ、角が三十本生えている「かねひら大王」から「大日の法」という秘伝の巻物を奪ってくるのであり、その巻物の威力に

よって、ついに平家を滅ぼして日本を従えたという空想的な物語である。

この言葉に示されているのは、「神国」では、現実の武力だけではなく、呪術的な魔力がものをいうのだという観念であるといえよう。『御曹子島渡』は成立年代未詳だが、おそらく一五～一六世紀の作品であろう。後述するように、この時代には既に「武国日本」に近い観念も育ちつつあったはずである。しかし、そんな時代にも、「神国」という観念は、「もののふのてがら」だけではうまくゆかない、人間を越えたものの力を必要とする国という意識を伴っていたのである。

3 蒙古襲来と自国観

「よろづの国にすぐれたる国」

鎌倉時代後半、文永五年（一二六八）以降、蒙古の使者が数度にわたって来日し、国交を求めたが、日本は交渉を拒否した。文永十一年、蒙古軍が襲来するが、すぐに撤退した（文永の役）。蒙古軍は、その後、弘安四年（一二八一）に再度襲来するが、暴風雨によって壊滅した（弘安の役）。

日本人の自意識の歴史について考える時、非常に重要な節目が、この蒙古襲来であることは、衆目の一致するところだろう。この事件に関する日本人の対応、それによる意識の変化をめぐっては、それだけで優に一冊の本が書けるほどであり、実際、既に多くの研究が積み重ねられている。限られた紙数の中で日本人の自意識の問題を考えたい本書では、まず、東巌慧安《とうがんえあん》（一二二五〜七七）という一人の僧に焦点を合わせたい。

東巌慧安は、臨済宗の禅僧である。はじめ天台教学を学び、入宋《にっそう》を志すが、禅宗と出会って入宋をやめ、京都に住んだ。文永八年（一二七一）九月に、「東巌慧安願文」（山城正伝寺文書。『鎌倉遺文』一〇八八〇）を記した。この願文は、末尾に「末の世の末の末までわが国はよろづの国にすぐれたる国」という歌を記していることで知られる。蒙古軍が実際に襲来する前に、この無礼な異国に対する敵愾心《てきがいしん》を燃え上がらせ、「我が日本は、永遠に世界で最もすぐれた国なのだ」と、自国優越意識に充ち満ちた歌を詠んだわけである。

この文書は、この歌を伴うこともあって、古くから注目されてきた。最近も、たとえば南基鶴《ナムキハク》は「軍事強国としての自己認識」を示すものだと指摘している。蒙古襲来によって、日本人がナショナリズムを昂揚させたことは、先に見た『八幡愚童訓』甲本などからも見て取れることだが、その典型的なあり方を示す人物と見られるわけである。しかし、東巌慧安の文書は、注目されることが多いにもかかわらず、原文に即した十分な読解がなされていないようにも感じられる。ここでは、その内容を検討してみたい。

だが、その前に確認しておきたいのは、鎌倉時代の現存文書を集めた『鎌倉遺文』には、右の歌を含む「東巌慧安願文」(一〇八八〇)の他にも、一〇五五七「東巌慧安願文」、一〇五五八「東巌慧安願文案」、一〇五五九「東巌慧安意見状」が収録されていることである(いずれも文永六年のものか。山城正伝寺文書)。これらのうち、前二者は神国思想の表現において右の願文(一〇八八〇)と共通し、一〇五五九「東巌慧安意見状」は、日本の「武」の優越を言う点などで右の願文と共通する。特に有名なのは右の願文だが、東巌慧安の思想を正確に理解するには、これら全体を見てゆく必要があるので、以下、これらの文書も、適宜、必要な部分を引用する。以下で単に「願文」と呼ぶのは右の願文(一〇八八〇)、「意見状」は一〇五五九「東巌慧安意見状」のことである。

日本の武具と武士の優越

さて、「願文」の原文は長いものだが、適宜要約しつつ記してみよう。

八幡大菩薩をはじめとする、日本中のすべての神々に申し上げます。日本国は、天地の神々が国を治め、神々の一族郎等がすべての土地・山川・水陸・虚空に充満している国です。至るところ、仏の垂迹たる神の威光が及ばないところはなく、敵はすべて神が退けてくださいます。昔、神功皇后という女帝が、他国の怨敵《おんてき》を防ごうと決意し、国中のすべての神々が従って、干珠・満珠を用いて敵を降しました。今は八幡大菩薩が国を守ってくれるでしょう。神仏の力は偉大です。あらゆる願いを叶える如意宝珠や金剛石（ダイヤモンド）の剣のように、また、金剛力士（仁王）のように、どんな敵でも打ち砕いてしまいます。蒙古など、獅子に歯向かう子猫のようなものです。

ここまでは、日本は神国であり、仏教の功徳によって強固に守られた国なので、蒙古など敵ではないと豪語したものである。自国を誇る表現の強烈さは、これまでにないものではあるが、仏教的な神国思想を基盤としつつ、神功皇后説話を引いて、我が国が神仏に守られていると述べる論理の枠組み自体は、従来の伝統を継いでいると言えよう。

だが、この後、東巌慧安が、「また伝聞有り。蒙古人云はく……」として、蒙古人が日本をどう見ているか、伝え聞いたとして語っている内容は、従来の神国思想に関わる表現とは異なり、注目される。

（蒙古人はこう思っている）日本の武具は、他のどの国よりもすぐれている。人間も力があって、鬼や神でも立ち向かうことができない。しかしながら、国の中は下賤で、正しい道理が行われていない。上位の者は卑下し、下位の者は高ぶり、すべての民が乱れていて、帝王と臣下のけじめもない。道理がなく、国が乱れているのだから、容易に手中に収めることができよう。最初の戦いに勝てば、残党を破るのは簡単である。まず高麗を破り、次に日本を攻めよう。日本の兵を使えば、思うようにインドや中国を征服することも、ごく容易になるだろう。

蒙古人は、日本の兵が強いので、それを欲しがっているのだという。この点、「意見状」では、蒙古国王は自国に「勇健武士」が少ないことに悩んでおり、日本の武具や武士は他国よりもすぐれているので、それを欲しがっているのだと述べている。「我が国（蒙古）は謀計にすぐれており、あの国（日本）は『武骨』にすぐれている。その二つの力を合わせれば、どんな国でも降すことができる」と、蒙古の国王が考えているというのである。東巌慧安は、どこからこのようなことを「伝え聞いた」というのだろうか。

東巌慧安の自意識と妄想

入宋を志して果たさなかったという東巌慧安が、蒙古の情報をどの程度得ていたかはわからない。多少の情報は入手していたのだろうが、ここで蒙古人の日本観として示される認識は、実際に蒙古人が考えていることを伝え聞いたというよりは、基本的に東巌慧安自身の自国観の投影であったと見てよかろう。

東巌慧安は、蒙古人は征服した地域の人間を使うのだ、日本に来た使者が高麗人だったのはその証拠だと言う。確かに日本への使者には高麗人が使われた。また、最初に使者を送ってきた時には、蒙古はまだ完全に南宋を征服しきれていなかったので、日本を足がかりに南宋を攻めるという狙いもあったかもしれない。さらに、その後は、征服した地域の高麗人や漢人を日本攻撃に大量に動員したことも事実である。したがって、もし日本が征服されていれば、日本人が実際に大陸に駆り出されていた可能性もないとは言えない。このあたりは、東巌慧安の記す情報にもまっとうな面があると言えなくもない。

だが、蒙古国王が自国の兵の弱さに悩み、世界最強の日本武士さえ手に入れれば、それを使ってインドや中国を征服することができると考えている——などという「伝聞」は、蒙古人が聞いたら笑うしかないだろう。世界史上にもまれな勢いで版図を広げていた蒙古の国王が、日本の武士の強さをうらやんでいたというのは、どう見ても自意識過剰の妄想だが、おそらく、東巌慧安は、日本の武士の強さを信じるだけではなく、そうした認識を蒙古人も共有していると思い込んでいるのである。

この自国観について、まず注目すべきは、日本の武具がすぐれているという認識である。「願文」では、「日本の弓箭《きゅうせん》・兵仗《ひょうじょう》・武具《ぶぐ》は他国に超え勝《すぐ》れたり」と、武具一般のこととして述べているが、「意見状」では、「弓箭は比類有ること無し、甲冑は鬼神を恐れしむ」とあり、両者に共通する弓箭（弓矢）は、特にすぐれていると認識されていたようである。次章で述べるが、この時代の日本の戦闘は、弓矢、特に馬上で弓を射る「弓馬のわざ」を中心としたものだった。その弓矢について、鎌倉初期頃から、日本の弓矢は大きく強力で、それを射る武士の能力は他国よりもすぐれているという認識が広まり始めていた。この点は、次章で『松浦宮《まつらのみや》物語』や『宇治拾遺物語』などによって詳しく見てゆく。東巌慧安が日本の武士の力を高く評価するのは、そうした認識を基礎としているだろう。

だが、もう一つ考えておくべきは、承久の乱後の政治体制の問題である。東巌慧安の「願文」（一二七一年）は、承久の乱（一二二一年）のちょうど五十年後にあたる。本来は朝廷の命令に従うべき幕府は強力で、朝廷は何をするにも武士の顔色を窺っている、このような体制はおかしい――という認識は、さらに六十年後に幕府打倒の兵を挙げる後醍醐天皇に引き継がれるわけだが、東巌慧安は、こうした体制を創り出した日本の武士の力の強さを痛切に感じると共に、それが日本の弱点でもあるととらえていたようである。

「武」は国家を乱す

蒙古国王が是非手に入れたいと願うほど日本の武士が強いのなら、日本を征服することは容易ではないはずだが、どうして蒙古人は日本征服など容易なことだと考えたのか。それは、日本が「武」の強さゆえに国が乱れているからだと、東巌慧安は述べる。「願文」の、「(日本では)帝王と臣下のけじめもない。道理がなく、国が乱れているのだから、容易に手中に収めることができよう」という部分は、「意見状」にもほぼ同内容が見られる。日本は「武」がすぐれているが、それゆえに秩序が乱れているから、容易に征服できるというのである。しかも、「意見状」では、日本の秩序がそのように乱れている理由を、「彼の国は武道ゆえに、上は卑下し、下位の者は高ぶり……」云々と述べる。「武道」こそが、日本の乱れの原因だというのである。

これは、承久の乱とその後の政治状況に対する、東巌慧安の見方の反映であろう。つまり、鎌倉の武家政権が後鳥羽院などを流刑にするなど、京都の朝廷を圧倒して大きな権力を握ったことを、東巌慧安は「帝王と臣下のけじめもなく、道理がなく、国が乱れている」ととらえていたが、その認識を蒙古人も共有しているはずだと考えているのであろう。「意見状」には、その後、「我が国では大きな問題も小さな問題も、必ず武家に仰せつける」とある。あらゆる問題に武家が介入することを日本の特殊性ととらえた表現である。

「願文」にも「意見状」にも、「武家は朝廷の第一の重宝であり、自国の人も他国の人も見ると恐れをなし、弓矢や刀について聞く人は舌を震わせる」といった記述があり、武士の強さは非常に強調されているのだが、東巌慧安の考えでは、おそらく、日本の武士は強力ではあるが、あくまで強力な道具として使うべきものなのであって、武士が政治に口を出し、朝廷の決定を左右するなど、あってはならないことだというのであろう。卑しい武士は尊貴な朝廷に従うべきであり、また、実際に従うはずだという考えは、後鳥羽天皇や後醍醐天皇にも共通する信念であり、また一面では妄想でもあった。

無礼な異国を打ち払え、幕府は朝廷に従え――という主張は幕末の尊皇攘夷論者を連想させるが、東巌慧安の視線は決して「草莽《そうもう》」のものではない。尊貴な朝廷がすべてを決定し、卑しい武士はそれに服従すべきだという上からの視線である。もし武士が朝廷に従わず、そのために蒙古に征服されるならば、武士たちは唐や天竺を駆け回らされ、象や獅子・虎などに遭って大変な辛苦を味わうことになる――と、武士たちをおどすような文面も、「意見状」には見える。

つまり、東巌慧安は、「武」の強さは必ずしも肯定すべきことではなく、かえってそのために国を危うくしていると認識しているのである。したがって、先に引いた「蒙古など、獅子に歯向かう子猫のようなものです」という自信は、「武」の強さへの信頼に由来するのではなく、神仏の力に対する熱狂的な確信から来ているわけである。それは、この「願文」の文脈や内容を見るだけでも明らかだが、さらに付け加えるなら、この「獅子の前の子猫」云々は、『鎌倉遺文』一〇五五八の「願文案」にも見られる。この「願文案」では神国思想は表現されていても、「武」の強さにはふれていない。東巌慧安の自信が「武」の強さではなく神国思想に由来することは、この点からも明らかなのである。

このように、東巌慧安の場合、日本の「武」の強さを大いに認めているのだが、それを必ずしも良いことと見ているわけではない。「武」の強さは、長短両面を持つものであり、場合によってはむしろ日本の最大の弱点になり得る要素として判断されている。間違っても、「武」をもって自国の誇りの核心とするような意識が見られるわけではない。強烈な自国優越意識は、あくまで神仏の守護への確信に由来するのである。この時代の日本は「武国」ではなく、やはり「神国」なのであった。

「神風」としての総括

右に見た東巌慧安の文書は、いずれも文永の役(文永十一年〈一二七四〉)以前の、蒙古の国書到来に対する反応であり、文永・弘安の実際の戦いを経たものではなかった。では、蒙古軍との戦いが終わった後、日本人の総括はどのようなものであったか。たとえば、神功皇后説話で見てきた『八幡愚童訓』甲本の、次のような記述がある。

異賊を亡ぼし、日本を助けてくださったのは、八幡大菩薩が日本をお守りくださったものである。大風を吹かせて敵をやっつけ、数万の敵をあっという間に片づけてしまったのは、神威のなせるわざであって、人力は全く関係ない。傍線部の原文は、「神威の致す所にて、人力かつて煩はず」。『八幡愚童訓』甲本は、文永・弘安のどちらの合戦についても、日本の武士の活躍を少なからず描いているのだが、結論としては、合戦の勝利は人力によるものではなく、すべては八幡大菩薩を中心とした神々の「神威」のなせるわざであるというわけである。もちろん、『八幡愚童訓』は八幡神の徳を説いた書なので、その神威が強調されるのは当然なのだが、これは、同書に限った評ではない。

南北朝内乱のさなか、一三四〇年の前後に、南朝の重臣であった北畠親房が、戦いの合間に執筆したと見られる『神皇正統記』は、蒙古襲来の顚末を次のように総括する。

筑紫で大いに合戦があった。神が威を発揮し、姿を現して敵をお防ぎくださった。突然、大風が吹いて、数十万艘の敵の船はすべて沈没し、破滅した。末世とはいえ、神の威徳というのは不思議なものである。

『神皇正統記』は、日本の歴史を天照大神の子孫の皇位継承として説明し、南朝の正統性を主張した書だが、ほぼ同時代、おそらくは少し後に成立した史書が『保暦間記《ほうりやくかんき》』である。『保暦間記』の作者は未詳ながら北朝側の武士と見られ、北畠親房とは正反対の立場で南北朝の内乱を戦った人物であると推定されるのだが、その『保暦間記』も、蒙古襲来の総括については『神皇正統記』と同じである。

弘安四年閏七月一日、蒙古が数千艘の船に乗って攻めてきた。大風が吹いて、船はことごとく破損した。我が国のもろもろの神が姿を現して、戦ってくださったということである。めでたいことであった。

さらにもう少し遅れて一四世紀後半に成立したと見られる『太平記』も、巻三十九で蒙古襲来を振り返っている。

そもそも元の三百万騎もの軍勢が一時に亡びたのは、全く吾が国の武勇によることではない。ただ三千七百五十余社の大小の神、祖先神の目に見えないお助けによることではないか。

武士たちの現実の合戦を描く軍記物語である『太平記』も、蒙古との合戦については、日本の勝利を人間の武勇によるとは全く考えず、もっぱら神の力によることととらえている。このように、立場も性格も異なる諸書が、異口同音に、蒙古を撃退できたのは神々のおかげであると総括しているわけである。

文永の役と武士の活躍

弘安の役はともかくとして、文永の役については、蒙古軍が引き上げた理由は、現在の歴史学においても必ずしも明らかではない。これもかつては暴風雨によるものかと言われたが、文永十一年（一二七四）の蒙古襲来は旧暦十月のことで、台風の季節ではないなどの理由により、現在では暴風雨原因説には懐疑的な見解が多い。少なくとも、弘安の役のように顕著な「神風」が吹いて蒙古軍が壊滅したわけではないだろう。蒙古軍が撤退したのは、予定の行動だったのか、あるいは何らかの困難を感じて引き上げたのか、いずれにせよ、自らの意志で撤退した可能性が強い。したがって、文永の役に関する限り、視点の取り方次第では、日本の武士の奮戦によって蒙古を撃退したというストーリーを描き出すことも不可能だったとは言えまい。

『八幡愚童訓』甲本は、日本の武士は苦戦しながらもよく戦ったと描きつつ、日本勢が耐えかねて後退した後、夜が明けるとなぜか急に蒙古軍が引き上げていたと語る。そこまでのところでは、日本の武士の抵抗が功を奏したようにも感じられる。ところが、その後、次のように記される。

武力が尽き果て、もうだめかと思った時、筥崎宮《はこざき》から白装束の一団が突然出現して、矢を射かけたかと思うと、波間から火が燃え上がるように見えて、蒙古勢はあわてて逃げていった。日本の武士が一騎でも戦場に残っていれば、八幡大菩薩の戦いとは言わず、自分の功名だと主張しただろう。しかし、日本の武士は一人残らず逃げ散ってしまい、にもかかわらず、その後、敵勢も逃げていったので、これは神のしわざであることがわかるのだ。

このように記されて、結局、功績は神のしわざに集約される。同書は弘安の役についても草野次郎・河野通有《みちあり》らの活躍を描くのだが、にもかかわらず、前述のように「神威のなせるわざであって、人力は全く関係ない」という結論に至ってしまうのである。

鎌倉武士たちの関心と視点

だが、前にも述べたように、八幡の縁起である『八幡愚童訓』が、武士の活躍よりも八幡大菩薩などの神威を語ることを第一義とするのは当然であるとも言えよう。武士たちの言い分はどうだったのか。

『蒙古襲来絵詞』は、この合戦を描く絵巻として有名だが、これは肥後（熊本県）の武士・竹崎季長《すえなが》の勲功や恩賞を描くために制作されたものである。したがって、この絵巻はその制作目的にふさわしく、竹崎季長自身の勲功の証明に終始している。また、河野氏の家記『予章記』は、時代の降る一五世紀頃の成立ではあるが、河野氏に語り伝えられていたと見られる河野通有の勇猛果敢な奮戦を語っている。しかし、これも河野氏の勇猛さを語るばかりで、それによって日本が勝利したと描くわけではない。これらの書は、個々の武士の活躍を描くばかりで、日本勢総体の勝利を語ろうとする視点に乏しいのである。

　この時代の武士たち自身の関心は、合戦全体というよりも自分の功名にあり、合戦全体を見渡そうとする志向に乏しかった。他人を出し抜いてでも功名を挙げようとする武士たちの激しいエネルギーの総和が全体の戦闘力となっていたわけだが、個々の武士たちには合戦全体を鳥瞰《ちょうかん》する視野が欠けていた。

　たとえば、『平家物語』の一ノ谷合戦で、熊谷直実《くまがいなおざね》は、配属された部隊から闇にまぎれて勝手に抜け出したと描かれる（巻九「一二之懸」）。熊谷は、義経に属して集団で坂落《さかおとし》を決行する部隊に配属されたのだが、その部隊にいては集団の乱戦が予想され、個人の功名が目立たない恐れが強いので、先陣のめざましい功名が可能な西の木戸口に向かったのである。そこには、自軍全体がどうやって敵軍に勝利するのかというような視点はほとんど存在しない。自分が目立つことが第一という個人主義なのである。

　そして、そうした自分勝手な武士たちを自在に操って自軍を勝利に導く、諸葛孔明や山本勘助のような軍略家は未だほとんど存在していない。たとえば、熊谷直実に逃げられた義経自身も、屋島合戦出発前夜に、梶原景時と逆櫓《さかろ》論争を展開したと描かれる。海戦では逆櫓（船を後退させるための櫓）を用意するべきだと主張した梶原景時に対して、「逃げる準備など必要ない」と答え、「それでは猪武者《いのししむしゃ》ではないか」と反論する景時に対して、

「猪《いのしし》だか鹿《かのしし》だか知らないが、戦というものは、平攻《ひらぜ》めに攻めて（ただひたすら、まっすぐ攻めに攻めて）勝つのが気持ちよいのだ」と言い放ち、危うく同士討ちになるところだったが、武士たちの共感は義経に寄せられたという（覚一本・巻十一「逆櫓」）。

蒙古軍との戦いについて、武士たちの現実の戦いぶりを全体として見渡し、現実の次元で勝利への道筋を語る作品が成立しなかった理由の一つは、そうしたところにもあったかもしれない。

神国思想と蒙古襲来

かくして、蒙古軍を撃退できた理由は、もっぱら神々の神威として語られた。その理由としては、より大きな危機であった弘安の役が実際に台風によって決着したことや、右記のように現実の戦いを総合的に語る視点が未成熟であったことなどが挙げられよう。だが、より重要な理由は、東巌慧安について見たように、日本人がもともと神の力に頼る神国思想を強く持っていたことにあるだろう。実際、東巌慧安は、「願文」（一〇八〇）の中で、「神々よ、雲となり風となり、雷となり雨となって、国家の敵を打ち破ってください」と祈っていたのである。東巌慧安自身は弘安の役を待たず、建治三年（一二七七）に亡くなってしまうのだが、同様の祈りを捧げていた者もあっただろう。そして、このように祈っていた人々にとって、弘安の役の結末は、自分たちの祈りがかなったとしか受け止めようがなかっただろうと想像される。

日本は神々に守られている国であり、外敵や災害から守ってくれるのは人力を越えた神の力だという考え方は、決して、蒙古襲来時に「神風」が吹いたことによって偶発的に生まれたわけではない。むしろ、もともと神に守られた国としての「神国」思想の基盤があったからこそ、「神風」という総括が広く受け入れられたのである。「神国」の戦いの鍵を握るのは、やはり「もののふのてがら」よりも神の力なのであった。そのように、古くからの発想を受け継いだ「神風」の総括が後々まで命脈を保ち、二〇世紀の戦争にまで影響してしまったのは、不幸なことであり、また反省すべきことであるはずだが、その問題の根源は、はるかに古くからあったと言わねばなるまい。

その意味では、日本人の神国思想は蒙古襲来によって変化したというよりも、強化され増幅されたのだと言うべきだろう。ただし、蒙古撃退によって自国優越意識が強くなったことは確かである。古代以来の神国思想は、粟散辺土意識を残しつつも、次第に自国優越意識と結びつく傾向を帯びるようになってゆく。同時に、次章に見てゆくように、この頃から日本の「武」の優越が主張されるようになり、「武」の重要性を説く言説も増加する。だが、鎌倉時代の文献に見られるのは、いずれも、「武」の優越をもって自国の誇りの核心とするような意識ではないし、日本の「武」の優越を説く意識が生まれたのは、決して蒙古襲来によることではない。「武国」意識に至る道筋は、神国思想や蒙古襲来とは別の角度から考えるべきなのである。

では、日本の「武」を誇る意識は、どこからどのように生まれてきたのだろうか。次章で考えてみよう。

第二章　弓矢の誇りと「武」の価値

1　弓矢の誇り

『松浦宮物語』

日本人が「武」にすぐれているという言説は、意外なところから現れる。歌人として有名な藤原定家の作と見られる『松浦宮《まつらのみや》物語』である。

この作品は、遣唐副使として唐に渡った弁少将橘氏忠なる架空の人物の、異国での恋や活躍を描く空想的な物語である。氏忠は詩文や琴の才に富む十七歳の美青年であり、初恋に破れて唐に渡る。唐では琴の師となった華陽公主《かようこうしゅ》と恋をするが、公主は日本での再会を約して昇天する。間もなく帝が崩御、唐の国は皇位継承をめぐって内乱に陥り、幼帝とその母皇后は都を落ちる。そこで氏忠は、母后を助けて大活躍し、敵を倒して平和を取り戻す。その後、簫《しょう》の笛を吹く謎の女と契りを交わすが、この女は実は幼帝の母后で、前世の天上界から氏忠との深い縁があるのだった。母后から鏡を贈られて帰国した氏忠は、泊瀬《はせ》寺で公主と再会、夫婦の契りを結ぶが、唐から持ち帰った鏡の中には唐の皇后がいて、氏忠は公主と皇后の間で恋の悩みが尽きなかった——といった内容である。

このように、『松浦宮物語』は、日本と唐をまたにかけた空想的な恋物語であり、音楽を主軸として日本と異国を往還する恋物語の趣向には、平安時代の『うつほ物語』や『浜松中納言物語』の影響が指摘されている。作品が成立したのは一二世紀末と見られるが、物語の舞台は八世紀頃に設定されている。遣唐使は九世紀末に廃止されるが、まだそれが盛んに大陸の文化を取り入れていた時代、作者の藤原定家が生きた時代よりも数百年も前の時代を舞台としているわけである。

異国に渡った強く賢く美しい主人公が、かの地の美女と恋をしながら、唐という大帝国の存亡の危機を救う。世界史の大舞台における日本人の活躍を描く空想的な歴史物語なのである。それは、たとえて言えば、江戸時代にフランスに渡った日本人が、パリジェンヌと次々に恋をしながら、一方でマリー・アントワネットを助けて大活躍する――などといった空想歴史小説を、現代の日本作家が作るようなものだとも言えようか。もっとも、江戸時代の日本人がフランスに渡るという設定はちょっと現実味に乏しいのだが、多くの優秀な日本人が唐へ派遣されていた時代は、藤原定家にとっては、はるか昔のことではあるとはいえ、確かに実在したわけで、なかには阿倍仲麻呂のように実際に唐で出世を遂げた人物もいた。その意味では、全く荒唐無稽な設定とも言い切れない。

ともあれ、この物語の大枠は異国に渡った美青年の恋物語であり、主人公の主たる才能は詩歌管絃にある。そうした意味では『うつほ物語』などの王朝物語の枠を出るものではないが、そうした枠組みの中に、主人公が武力を発揮して戦う場面が、新たな趣向として加えられている点が、ここで注目したいところである。

和国は兵の国

『松浦宮物語』の世界では、氏忠が唐に渡って間もなく、唐の帝が亡くなり、帝の弟「燕王」が、皇后とまだ幼い皇太子（新帝）を押しのけて帝位に就こうとして、内乱状態になる。敵軍が迫り、新帝と母后はやむなく都を落ちる（このあたりの事件展開は、前漢の昭帝時代の燕王旦の反乱と、唐の玄宗皇帝時代の安禄山《あんろくざん》の乱をモデルとしつつ、定家自身が間近で目撃した平家都落ちの見聞などをも取り入れて記述されていると見られている）。不利に陥った母后は、家臣たちに戦いを呼びかけるのだが、「人の形にして虎の心がある」という敵の猛将宇文会《うぶんかい》に怖《お》じて、士気は上がらない。

そこで母后は、異国から来た氏忠を頼り、次のような言葉で、泣きながら助力を乞うたというのである。

和国は兵《つはもの》の国として、小さけれども、神の守り強く、人の心賢《かしこ》かんなり。異なる謀《はかりこと》を出だし、力を尽くせ。

（日本は武士の国であり、小国ではあるけれども、神の守護が強力で、人の心も賢いということです。特別な戦法を考え出して、力を尽くしてください）

「小さけれども、神の守り強く」という表現は、粟散辺土意識と神国意識が一体となった、前章で見てきたような当時の自国認識を表していると言えようが、そこに「和国は兵の国」という言葉が加わっているのが注目される。日本を武にすぐれた国とする表現が、ここに登場したわけである。

美しい母后から懇願された氏忠は、「本国にして弓矢の向かへるかたを知らざりき」（私は本国では弓矢をどちらに射たらいいのかも知らなかった）などと言いながらも、日本の仏と神に祈って敵に立ち向かった。母后の発案により、はるかに海を望む、道もない深山の木陰に伏兵を置いて、闇夜にその下を通る敵に突然襲いかかった。敵将の宇文会は、氏忠の矢が当たっても、ひるまずに逆襲してきた。

ところがその時、氏忠の周囲に、氏忠と全く同じ姿の者が四人現れた。驚いた敵が立ち止まると、同じ姿の者がさらにもう五人現れ、そろって宇文会ら八名に襲いかかり、一刀のもとに斬り裂いた。これを見た反乱軍は恐れをなして逃げ去り、官軍は窮地を脱したのである。氏忠と同じ姿の兵が出現したのは、住吉明神の加護であったことが、後に明かされる。

そこで、母后は還都を決断した。なお燕王の軍勢を恐れる者も多かったが、氏忠は先頭に立って戦った。中国では見たこともない大きな弓矢を負って進軍する氏忠を見て、敵は恐れて逃げ去り、味方は次々と軍に復帰した。燕王は異民族の兵を味方につけており、彼らは毒矢で防ごうとしたが、氏忠の弓矢の威力が勝った。

敵の短い弓矢では届かないほど遠くから、氏忠は、この国の人が見たこともないような長い矢を放った。敵が防具として頼りにしている分厚い板を、氏忠の矢は、枯れた木の葉などのように射抜いてしまい、内側の人に命中する。そこで、敵は震え上がって逃げ出した。ところが、またしても氏忠とそっくりな人々が現れて、逃げる敵をことごとく追い散らしたのである。

こうした氏忠の大活躍によって、官軍はついに反乱軍を制圧し、唐の国に平和を取り戻すことができたのである。

「武」の自意識の芽生え

唐の后に「和国は兵の国」と言わせるような認識は、どこから生まれてきたのだろうか。これについて、従来の注釈書では、二通りの見解が見られる。一つは、治承四年（一一八〇）の頼朝挙兵に始まる当時の歴史的情勢を挙げる萩谷朴《はぎたにぼく》（『松浦宮全注釈』）の注解である。

もう一つは、神功皇后説話や大伴狭手彦の高麗征討、白村江の戦いなど、『日本書紀』に見える朝鮮半島・大陸との戦いを挙げる樋口芳麻呂（『新編日本古典文学全集　松浦宮物語・無名草子』）の注解である。

筆者は、萩谷注に賛成したい。定家が『日本書紀』の記事を知っていたことは十分に考えられるが、それらはすぐれた軍略や武芸を発揮して戦う合戦描写の典拠としてはあまり適切とは思えない。先に見たように、神功皇后説話は神威による津波を描く話であり、白村江は敗戦である。

『松浦宮物語』において、右の場面の後に展開される合戦描写は、むしろ、この物語が作られる直前に、日本で起きた治承・寿永の乱（源平合戦）の伝聞情報に基づくところがあろう。たとえば、母后と幼帝の都落ちが平家都落ちに似ていることは既に述べた。また、伏兵を用いて勝利する場面では、山の前に海が広がるという情景の中で戦いが繰り広げられるのだが、これは中国の長安に近い「蜀山」という舞台設定には全く合わない。むしろ、一ノ谷合戦の舞台となった福原（神戸）あたりの地形が想起され、その伝聞情報が応用されているのではないかという、萩谷の見解が注目されるのである。

さらに、住吉明神の登場を描く点も、神功皇后を新羅征服に導いた古代の物語によるとは考えられるものの、住吉明神は源平争乱の中でも源氏を勝利に導いたとされるので、同時代的な経験の反映とも考えられようか。

定家は、頼朝挙兵当初、「紅旗征戎《こうきせいじゅう》吾が事にあらず」（合戦など私の知ったことではない）という有名な言葉を『明月記』治承四年（一一八〇）九月条に書き残しているが、実は戦乱の状況に対して旺盛な関心を有していたのかもしれない。

要するに、『松浦宮物語』の合戦記述には、この作品の成立直前に現実に展開された事件の経験や伝聞が生かされている可能性が考えられるわけであり、だとすれば、「和国は兵の国」という認識にも、そうした現実経験が反映している可能性が考えられよう。

もし、「兵の国」なる認識が『日本書紀』に触発されたものであるとすれば、『日本書紀』が古代・中世を通じて日本の人々に広く影響を与え続けたにもかかわらず、『松浦宮物語』以前にはこうした認識が示されてこなかった点も説明しにくい。

それに対して、『松浦宮物語』と近い時代には、日本の「兵」の強さに言及する例がもう一つ見られる。次に見る『宇治拾遺物語』である。このことも、筆者が、こうした記述を平安末期の内乱の経験に関わると見る理由である。日本人が自国を「武」にすぐれた国とする自意識は、この時期に芽生えたと言えるのではないだろうか。

弓矢の誇り

「兵の国」と評価された日本の氏忠は、どう活躍したのか、整理しておこう。まず、母后の言葉では、「人の心も賢い」ということで、「異なる謀」を求められたのだが、「謀」の面では、氏忠の活躍は明確ではない。山間に伏兵を置いて夜襲をかける策は、母后の発案として記述され、氏忠の献策については不明である。

また一つの活躍場面は宇文会との対決だが、これに勝てたのは住吉明神の力により、分身が出現したためである。住吉明神は、神功皇后を新羅征服に導いた神であり、また、源平争乱では屋島合戦で源氏を勝利に導いたともいわれる。いずれにせよ、神の加護による勝利であり、神国思想の延長上にあると言えよう。

それらに比べて氏忠自身の武功として目を引くのは、弓矢の威力である。氏忠は、「日本では弓矢の扱い方もよく知らなかった」などと言いながら、大陸の人々の短い弓矢ではとうていかなわないような強い弓を射て、日本独特の大きな矢が、敵の防御を打ち砕いたというのである。弓が得意ではなかったはずの氏忠が敵を震撼させる強弓を射たというのは、ご都合主義的な設定にも見えるが、あるいは、日本では平凡な射手に過ぎなかった氏忠でも中国では大活躍できるほど、日本の弓矢は強いのだと読むこともできようか。

この強弓の記述には、ごく近い時期に類例がある。承久三年（一二二一）頃までに成立したとされる『宇治拾遺物語』である。その第一五五話（巻一二・一九話）「宗行が郎等虎を射る事」は、次のような話である。壱岐守《いきのかみ》宗行の郎等が新羅に渡り、人々が人食い虎を恐れているのを知って、その虎を射殺してやると宣言する。この男は、「新羅の人は『兵の道』が劣っているのではないか。日本人は命を惜しまず戦うから、虎など恐れずに射殺してやる」と大言壮語し、現地の人々に虎の生態について尋ねる。それによれば、虎が人を襲う時は、まず猫が鼠をうかがうようにひれ伏して、その後しばらくして大口を開いて飛びかかるのだという。それを聞いた男は、虎が自分を狙って襲ってくるのを待ち、飛びかかってきた瞬間に矢を放って、虎の下あごから頸《くび》の後ろへと射通し、ついに虎を退治して、人々に喜ばれ、賞賛された。

とりわけ注目すべきは、この男の次のような言葉である。

この国（新羅）の人は、一尺（約三〇センチ）程度の矢に、錐《きり》の先のような小さな矢尻を付け、矢尻に毒を塗って射る。そのため、矢が当たった相手は毒によって結局は死んでしまうが、即死するわけではない。日本人は、自分の命を惜しまず、大きな矢で射るので、矢が当たった相手を即死させることができるのである。

『松浦宮物語』と同様、大矢の破壊力を誇っているのであり、それに加えて命を惜しまぬ勇敢さが、日本人は「兵の道」にすぐれているという自讃の根拠になっているわけである。新羅の人々は「兵の道」では日本人にかなわないと恐れたという。

この時代、「兵の道」とは、道徳ではなく、主に、武芸の技能、勇敢さ、知謀などといった、具体的な戦闘に関わる能力を意味する言葉であった。ここもその典型的な例というべきだろう。さらに、続く第一五六話「遣唐使の子、虎に食はるる事」でも、子を虎に食われた遣唐使が、太刀で虎を殺し、子の遺骸を取り返したので、現地の人から「日本の国は、『兵のかた』は並びない国である」と評されたという話である。

弓矢自慢と中国との対比

『松浦宮物語』は作り物語、つまり純然たるフィクションである。また、『宇治拾遺物語』は説話集であり、何らかの事実に基づいている可能性はあるが、事実そのままの記述ではない。さらに、日本人の長大な弓矢の威力の描写には、お国自慢とも言うべき心理も働いているだろう。

しかし、日本人のこうした弓矢自慢に根拠がなかったわけではない。日本の弓が長さを特徴とするのは事実であり、弓が長ければもちろん矢も長い。一方、中国では比較的短い弓を用いた。『蒙古襲来絵詞』に描かれたモンゴル兵の弓も、日本の武士に比べて短いものである。短い弓は、長い弓に比べて射るのが容易で扱いやすい。

また、中国では早くから弩《ど》（クロスボウ、ボウガン）が発達した。弓よりも重視された

蒙古兵の短弓（『蒙古襲来絵詞』、宮内庁三の丸尚蔵館蔵）

とさえ言われる（W・マクニール）。弩は引き金をひいて矢を発射する形の弓である。矢をつがえて引きしぼるのに普通の弓のような腕力を必要としないので、さしたる修練なしに扱うことができるが、製作には高度な技能を要するという。

こうした弓矢の相違は、戦争の基本的なあり方の相違に関わるだろう。中国では短弓が多く、また弩が早くから発達したのは、漢族の文官官僚制に基づき、徴兵によって大量に動員された兵からなる軍隊に適していたためと見られる（W・マクニール）。中国では早くから大規模な合戦が繰り返され、何十万人という兵を大量に徴用し、戦場に駆り出す徴兵制度が形成された。

たとえば、よく知られたことわざ「塞翁《さいおう》が馬」は、もともと『淮南子《えなんじ》』人間訓（前漢の成立）に見られる話による。塞翁という老人の飼っていた馬が逃げたが、立派な馬をつれて帰って来て喜んだところ、その馬に乗った塞翁の子が落馬して足を折ってしまったが、足を折ったおかげで徴兵を逃れ、命が助かったという話である。中国では、このように紀元前から徴兵制が発達していた。徴兵逃れの話では、自分の腕をへし折って兵役を逃れた「新豊折臂翁《しんぽうのせつぴおう》」の話（『白氏文集』）なども有名である。

漢民族の軍隊とは、そうした兵からなる大部隊であった。戦闘には全く素人の農民などを大量に徴用して、短期間の訓練で戦士に育てて戦場に送り込むのだから、扱いやすい武器を大量に用意する必要がある。そのための生産力（工業力）も軍事力のうちであり、また、鉦《かね》や太鼓を用いて多数の兵を操る組織的な用兵術や、大軍団を効果的に戦わせる方策を練る戦術・戦略も早くから発達し、『孫子』『呉子』など高度に抽象的な軍事論も生まれた。だが、一人一人の兵は必ずしも戦闘の専門家ではなく、武具も特別なものではなかったわけである。

なお、『松浦宮物語』では、燕王に味方した北方の異民族が毒矢を用いる描写があり、『宇治拾遺物語』では、新羅の人々が毒矢を用いるとされている。毒矢は狩猟民族が用いることが多い。日本列島では北方の蝦夷《えぞ》が用いたことが知られており、その技術はアイヌに引き継がれた。蒙古軍も毒矢を用いたとされている（『八幡愚童訓』甲本）。その意味では、燕王に味方した「胡の国のえびす」が毒矢を用いたという『松浦宮物語』の記事は、比較的正確な知識を反映しているかもしれない（「胡」は北方・西方の異民族を指すが、日本では北方の異民族と理解されることが多かったようである）。一方、新羅の人々が毒矢を用いたかどうかは明らかではない。日本人は自分では毒矢を用いず、蝦夷との戦いの経験などにより、外国人は毒矢というものを用いるのだと考えていたようである。『宇治拾遺物語』の記述は、そうしたイメージによる記述かもしれない。

日本の合戦

さて、中国の大規模な戦争に対して、日本の古代国家の規模は小さく、戦争も小規模なものであった。律令制度を受け入れて、戦時に諸国の兵を集める形は作ったものの、合戦は、主に戦闘の専門家としての武士が担当するものと意識された。武士は、家職として受け継いだ武芸、個々人の「弓馬のわざ」を鍛錬していた。馬上で長い弓を操るには、非常に高度な訓練を必要とする。そうした少数精鋭の武士たちが個々人の武芸能力を競うようにして戦うのが、平安時代の合戦であった。ただし、よく誤解されるように、武士たちが一騎打ちばかりをしていたというわけではない。小規模な集団戦では、個々人の能力が勝敗を左右するのである。

ついでに言えば、武芸と共に重視されたのが勇敢さである。少数の合戦では、向こう見ずな勇気がものをいう。先陣をとげるなど、個々の勇敢な行為を功名として重視した日本では、命知らずの行動を賞賛する評価基準が作られたのである。

たとえば、『平家物語』最大の英雄と言うべき源義経が、梶原景時との逆櫓《さかろ》論争で、「戦というものは、平攻《ひらぜ》めに攻めて（ただひたすら、まっすぐ攻めに攻めて）勝つのが気持ちよいのだ」と言い放ったことは前章で紹介した。そこには、多数の兵を将の指令どおりに整然と進退させることによって大会戦に勝利するというような発想はない。大事なのは、もっぱら個々人の勇気と武芸なのである。

『宇治拾遺物語』が、日本の武士の特色の一つを自分の命を惜しまない勇敢さという点に置いた背景には、このような事情があった。もしも国家同士の全面戦争となれば、少数の勇敢な武士たちがばらばらに突撃する軍よりも、多数の兵がすぐれた将の指揮のもとに整然と行動する軍の方が有利だろうが、白村江の戦い以降、室町時代までの日本では、蒙古襲来を除き、強大な他国との大戦争をせずにすんでいたのである。

大矢を射る武士たち

話を弓矢に戻そう。分厚い板を打ち砕いたり、虎を一瞬で倒したり、といった日本人の大矢が描かれる事情はどういうことだったのか。

古代から中世前期の日本の戦闘は、弓矢を主たる武器としていた。「弓矢取り」「弓箭の道」「弓馬の道」といった言葉にも表れているように、日本の武士たちは弓射とりわけ騎射（馬上で弓を射ること）の能力をもって武士の力としたのである。また、弓射の力の重要な基準は、「大矢」即ちどれだけ長い矢を射られるかという点にあった。

たとえば、覚一本『平家物語』巻五「富士川」で、東国征討の大将軍であった平維盛《たいらのこれもり》が、斎藤実盛《さいとうさねもり》に、「お前ほどの強弓を射る強者が、関東八ヶ国には何人ぐらいいるのだ」と聞いたところ、実盛は、「その御質問は、私を大矢を射る者とお思いなのでしょうか。私の矢はせいぜい十三束《ぞく》程度です。このぐらいの者は、関東にはいくらでもおります。関東で大矢と呼ばれる者は、少なくとも十五束《ぞく》の矢を射るのです」と答える場面がある。「一束《いっそく》」とは、片手で矢を握った時の、一握りの長さ。個人差が大きいが、だいたい一〇センチ程度であろうか。指一本分を「一伏《ひとつぶせ》」といい、四伏《よつぶせ》で一束である。射る矢が長ければ長いほど強弓であり、強い武士ということになる。

もちろん、矢の大きさ（長さ）は平凡でも、扇の的に射当てる正確さを身上とした那須与一のような武士もいるわけだが、野球のピッチャーがまずは球速で評価されるように、武士たちは、矢の大きさを最も重要な評価基準としたわけである。

同じく覚一本『平家物語』巻十一「遠矢」は、壇ノ浦合戦の序盤戦である。源氏方の三浦一族の若大将、和田義盛が、平家の船に向かって、十三束二伏《ふたつぶせ》の矢を射かけ、三町（約三三〇メートル）余りの距離を飛ばして、「その矢を射返してくだされ」と呼びかけた。矢には「和田小太郎平義盛」と、漆《うるし》で書きつけてある。その大きさの矢を射られるなら、そして同じ距離を飛ばせるものなら、やってみろ、という挑戦である。ところが、平家方にも強弓がいた。伊予国の住人、新居紀四郎親清《ちかきよ》である。親清は沖から渚に三町余りを射返し、矢は和田義盛の頭上を通り越して、一〇メートル余り後ろにいた三浦の石左近太郎の腕に突き刺さった。自分ほどの強弓はいないだろうと思った和田義盛は、恥をかかされたわけである。

続いて、今度は親清が、義経の乗っている船に向けて、十四束三伏もある自分の矢を飛ばした。やはり矢には自分の名を書いてある。今度は親清が源氏勢に挑戦したわけである。義経は、甲斐源氏の阿佐里与一を射手に選び、矢を射返せと命じた。すると与一は矢を検分して、「この矢は少し弱いし短いです。どうせなら私の矢を射ましょう」と言い、自分の大きな手でぐいぐい握って十五束もある大矢を射た。矢は四町余りの距離を飛んで、親清を射倒したという。上には上があるわけだが、矢の大きさが武士の評価に直結することがよくわかる逸話といえよう。

阿佐里与一の遠矢（『平家物語絵巻』林原美術館本）

『保元物語』の源為朝の矢は十五束（金刀《こと》比羅《ひら》本）とも十八束（半井《なからい》本）ともいわれる。十八束は類を見ないが、身長が七尺（二メートル一〇センチ）以上あったと語られる伝説的超人為朝ならではの数字といえよう。『太平記』巻十六「本間孫四郎遠矢ノ事」は、『平家物語』の「遠矢」や「那須与一」の影響を受けていると見られる逸話だが、そこでは、本間孫四郎重氏が十五束三伏の大矢を六町余りも飛ばしている。現実味を保った軍記物語としては、この辺の大きさが限界だったと言えようか。

弓矢の誇りと「東夷」意識の克服

このように、矢の大きさによって武士の強さを評価することに慣れていた日本人が、大陸で用いられる矢は日本のものよりも小さいということに気づいた時、素朴な実感として「日本の武士は強い」と意識したことは想像に難くない。実際、日本の武士を一人一人とりあげれば、中国の大軍団を構成する兵よりも、勇猛果敢で、弓矢の攻撃力にもすぐれた者がしばしば見られた可能性は十分にあろう（繰り返すが、それは軍隊全体の強さとは別問題ではあるけれども）。

つまり、『松浦宮物語』や『宇治拾遺物語』に示された、日本の武士がすぐれているという認識は、現実にある程度の根拠を持ったものであろう。そして、前章に見た東巌慧安の、「日本の武具は、他のどの国よりもすぐれている。人間も力があって、鬼や神でも立ち向かうことができない」といった認識も、こうした大矢などに関する素朴な実感を敷衍《ふえん》したところに生じているのではないかと思われる。

少し時代が降るが、そうした自意識の延長上にあるものとして、『聖徳太子憲法玄恵注』に注意しておきたい。南北朝期（一四世紀後半）の学僧玄恵が、聖徳太子の十七条憲法に注釈を加えたとされる書で、玄恵の真作か否かは不明だが、南北朝期の成立と見られているものである。同書は第四条への注の中で、「我が国は神代から礼儀正しいゆえに『君子国』と言われる」と記す（「君子国」は、一章2節で見たように、『後漢書』所載の東方の国の伝承を日本を指すものと解した説による）。そして、礼儀正しい君子国を「東夷」と呼ぶのはおかしいようだが、中華から見た四方の蛮族のうち、南蛮の「蛮」には虫、西羌《せいきょう》の「羌」には羊、北狄《ほくてき》の「狄」には犬の字が入っているのに対して、「夷」に獣の字が入っていないのは、東方の君子国だからであると述べて、次のように説明する。

天竺（インド）・震旦（中国）・日本の三国のなかで、日本人は心も勇敢であり、弓の力は他の国よりすぐれている。そこで、「夷」の字をつけたのである。「夷」は、「弓」の字に「大」の字を書き入れた形である。したがって、「夷」の字は、日本の武士が名誉とすべきものなのである。

いかにも牽強付会《けんきょうふかい》であり、自国が「夷」と位置づけられているという劣等感を何とか克服しようとする屈折した自意識を感じさせるが、「夷」の字を「弓」と「大」の組み合わせと見て、日本の武士の名誉にこじつける点、弓矢の大きさが日本人の自慢であったことが窺えよう（なお、「夷」の字に関する類似の説は、ほぼ同時代の『神皇正統記』孝霊天皇条にも見えるが、同書では「弓」の字を武士の名誉に関連づけず、「仁」「寿」の意味ではないかとしつつ、不審としている）。

『聖徳太子憲法玄恵注』の説は、自国を「夷」と意識している点で、手放しの自国優越意識からはほど遠いが、古代以来の粟散辺土意識を「武」の誇りで克服しようとする方向性を感じさせる。「心も勇敢であり、弓の力は他の国よりすぐれている」という評価は

『松浦宮物語』『宇治拾遺物語』に見えた弓矢論と基本的に同様であり、それを「日本の武士の名誉」とする点、武にすぐれた国という意識が、一四世紀後半頃には自国の誇りそのものに一歩近づいていったことを感じさせるとも言えようか。

自国意識の成長

少し時代を先取りしたが、こうした「武」にすぐれた国としての自国認識が生まれたのは、やはり、一二世紀後半の全国的な内乱の経験によって、多くの日本人が武士という存在に注目したことが最大の理由であると考えられよう。同時に、交易などの往来によって、大陸の人々と日本人との現実的な比較が多くの人々に意識されるようになっていたことも重要であろう。遣唐使廃止以降、日本と大陸の正式な国交は絶えたが、仏教を学ぶために大陸へ渡る僧や、交易のために大陸と往還する商人は多く、とりわけ日宋貿易は、平家などに多くの富をもたらした。平安末期頃から、大陸に関する具体的知識は増え、日本人を大陸の人々と比べて見るような視線も、少しずつ育っていたように思われる。

たとえば、『宇治拾遺物語』と同じ鎌倉初期に作られた『閑居友《かんきょのとも》』は、自分自身が渡宋した慶政《けいせい》上人が、帰国後にまとめたと見られる説話集である。その下巻第五話から第七話には宋での見聞が記されているが、第七話では、貧窮の中で正直を曲げずに死んでいった一家の姿を、宋では絵に描いて売っていたと語り、「中国の人は、こうした心の清い人に対してとても共感が強く、亡くなった後も絵に描いて大切にする。日本では、そんな絵を買う人も売る人もいない」と記している。これは中国人が日本人よりもすぐれている点を述べたわけだが、日本を他国と比較した例の一つである。

一方、これらの作品よりも少し早く、前章でふれた鬼界島の流人だった平康頼が帰還後に記したという『宝物集』は、巻二・怨憎会苦《おんぞうえく》の条に、「中国は戦乱が多く、常に合戦をしている国なので、人々が憎み合う例は数多い」と記している。これは書物による知識だが、合戦が多いのは、日本よりも中国であると認識しているわけである。日本と大陸の国家との比較の様相は、人によってまちまちだったようだが、そうした言説がいろいろと現れた時代なのであろう。

もっとも、おそらく、この時代のほとんどの日本人は、自分たちの国を外国と比べて、すぐれているとか劣っているなどと考えたこともなかっただろう。しかし、知識人の一部は、書物から得られる知識や大陸と往還する人々の体験談などによって、従来の神国という意識以外にも、自国の特色、他国との優劣を考え始めていた。そのようにして育っていた日本人の自意識の一角にではあるが、「弓矢にすぐれた国」「兵の道に長じた国」という意識は確実に根を下ろしていたと考えられるわけである。

2　「武」の価値と軍記物語

軍記物語と「武」

さて、中世の日本人は、以上のように、次第に「武」にすぐれた国として自国を意識するようになっていった。だが、一章3節で一三世紀の東巌慧安の場合に見たように、「武」の強さが直ちに自国優越意識に結びつくわけではない。むしろ、「武」の発達は国を危うくしかねないという危機感も、東巌慧安には見られた。また、一四世紀後半頃の『聖徳太子憲法玄恵注』の例は、自国の「武」を誇る心を感じさせるが、それは自国を「夷」と位置づける劣等感と裏腹の関係にある認識であった。

では、「武」にすぐれた国としての自意識と自国優越意識との関係は、どのようなものであると考えたらよいのだろうか。それを考えるには、まず、武力というものは国家にとって重要なのか、あるいは危険なのかについて、日本人はどのように理解してきたのか——という問題を考えておく必要があろう。

そうした問題を考えるために、「武」を扱う文学である軍記物語を取り上げて考えてみよう。「軍記物語」はもともと『保元物語』『平治物語』『平家物語』『太平記』など、中世に成立した作品を言う言葉だったが、現在では範囲を広げて、平安時代の『将門記』から近世に成立した戦国軍記諸作品までを含む概念になっている。そうした中で、軍記物語史の最初を飾る作品とされるのが、『将門記』である。『将門記』は、一〇世紀前半の平将門の乱を日本風の変体漢文で描く作品で、作者は不明。成立年代については、乱終結直後から一一世紀まで諸説がある。

『将門記』が軍記物語に分類され得るのは、何と言ってもこの作品が将門の乱という合戦を主題とし、将門の戦いぶりをずっと追いかけて描いているからである。関東地方を実力で占領し、自ら「新皇」を称した将門の戦いを描くという意味で、反逆者を英雄的に描く物語という評価もある。

ただ、その合戦の描き方は、鎌倉時代以降の軍記物語とはいささか異なる。『将門記』現存本は冒頭部に脱落があるが、佐倉由泰が指摘しているように、現存部分で最初の記事にあたる合戦描写から、将門の戦いぶりよりも、戦乱によって家を焼かれた人々の悲嘆に焦点を当てる。戦に勝った将門が敵の拠点を焼き払ったために、多くの人々が悲しみのどん底に突き落とされたというのである。

悲しいことだ、男も女も火に焼かれて薪となってしまった。貴重な財宝はすべて人に奪われてしまった。（中略）その日、炎が燃えさかる音は雷鳴かと思うほどに激しく響き、立ちのぼる煙は雲と見まがうほどに空を覆った。山王神社は煙に包まれて岩石の陰に隠れてしまい、人々の家は灰のように風に吹かれて消えてしまった。国府の役人も一般の人々もこれを見て悲しみ嘆き、近くの者も遠くの者もこれを聞いてため息をついた。（戦に参加して）矢に当たって死んだ者は、思いもよらず父子の仲を断ち切られてしまったし、楯を捨てて逃れた者も、突然に夫婦の仲を裂かれてしまったのである。

現代の私たちは、戦争と言えば悲惨なもの、というのが当たり前の認識になっているが、戦う武士たちの視点に立てば、戦場は功名をあげるべきハレの場所である。その視点で戦争を描けば、戦場の周辺で一方的に生活を破壊され、悲嘆にくれる一般人の悲しみは目に入らない。軍記物語のほとんどは、そうした視点で書かれている。『将門記』にも、もちろん、力強く戦う将門を描く部分もあるが、同時に、戦災に苦しむ一般人の視点から描かれた記述が目につくのである。

そうした視点は、この作品が、根本的に「武」に対して批判的な姿勢を有するところから生まれていると言ってよいだろう。『将門記』は、将門という人物に対しては同情・共感を示す一方で批判的姿勢をも保つ、微妙な態度を取っているのだが、その死後、将門の一生を次のように批評する。

将門は、功績を重ねて朝廷に評価され、忠義と信義の名誉を代々に残した。しかしながら、その一生は、猛々《たけだけ》しい乱暴ばかりで、毎年毎月、合戦ばかりしていた。そのため、学問を修めた者と交わることなく、ただ武芸にばかりふけっていた。その結果、近縁の親族と戦うことになり、悪行を好んで咎《とが》められることとなった。そのようにして、罪が積み重なって報いが自分自身に及び、不善への批判が関東全体から聞こえてきて、ついに黄帝と戦って敗れた中国の炎帝のように滅亡して、永遠に謀叛人の汚名を着ることになったのである。

将門は根っからの悪人ではなく、立派な実績も多かった。しかし、「学業の輩《ともがら》」を無視して「武芸」ばかりをもてあそんだために滅亡したのだというのである。「武士が武芸に専念して何が悪い」と、後代の武士たちならば言うだろう。しかし、平安時代の『将門記』はそのようには考えなかった。戦争は人を苦しめるものであり、戦争に勝つ技能ばかり磨いている奴らなど、ろくなものではないという価値観が優勢な社会において、「軍記物語」さえもが、そうした価値観を反映して作られたのである。

『平家物語』と戦争被害

こうした武芸への批判は、一三世紀前半成立と見られる『平家物語』などでは減退する。鍛えた技能を駆使して命を惜しまず戦う一人一人の武士の姿が肯定的に描かれることが多くなり、そうした中では、戦場周辺の被害はあまり目に入らない。たとえば、覚一本の巻九「三草《みくさ》合戦」は、一ノ谷合戦の前哨戦である。三草山の向こうに陣取った平家を夜討するために山を越えようとする源義経の軍勢が、夜中の行軍が暗くて不便だというだけの理由で、民家に放火する場面がある。

兵たちが「暗すぎて進めません。どうしたらいいでしょう」と口々に言ったので、義経は、「いつもの大松明《おおたいまつ》を使ったらどうだ」と言った。土肥実平が「そうそう、その手がありました」と言って、近くの民家に火をつけた（民家に火をつけて行軍のための照明に使うことを「大松明」と呼んだ意）。それを手始めに、野にも山にも、草にも木にも火をつけたので、昼間のような明るさの中で、三里の山を越えて行ったのである。

敵でも何でもない単なる民家への放火という行為を、行軍する義経側の視点からのみ描いているのである。夜中に突然、家に火をつけられた者たちの苦難や悲嘆を描く視点は、ここには全くない。しかも、「いつもの大松明」つまり民家への放火をためらいもなく命ずる義経の口ぶりからは、こうした手段をしばしば用いていることがうかがえるのだが、語り手がそれに批判的な視線を向けることはない。

もちろん、『平家物語』にも戦争の被害を描く場面がないわけではない。それが多く見られるのは、現在一般に読まれている語り本よりもむしろ古い形を多くとどめるとされる読み本系の延慶本である。たとえば、巻九の宇治川合戦では、宇治川をはさんで義仲勢と向かい合った義経勢が、川端の平地が狭く、軍勢が川べりに並ぶことができないという理由で、川端の在家《ざいけ》を焼き払うさまを描く。義経が、「家々の資財雑具を取り出させた上で、川端の民家を皆焼き払え。広い空き地を作って、二万余騎の軍勢をすべて川端に並ばせるのだ」と命令すると、雑兵《ぞうひょう》が走り回って、民家の人々にこの旨を伝えたが、人々は既に避難して、一人も残っていないように見えた。そこで、雑兵たちは手に手に松明を持って三百余りの家々を焼き払った。取り残されていた馬や牛は焼け死んだが、被害はそれだけではなかった。

年老いた親がろくに歩けないのを、畳の下や板の下、壺や瓶の底に隠したりしていたような場合は、皆焼け死んでしまった。あるいはまた、逃げ隠れる力もないような、か弱い女房、姫君など、さらには病床に臥していた者、子供たちまで、あっという間に灰になってしまった。「風吹けば木やすからず」（大きな事件が起きると無関係な者にも被害が及ぶ）とは、こういうことを言うのだろう。

義経を明確に非難するわけではないが、語り手の目は被害者の不条理な悲運に向けられている。

民家を焼くことについて、『将門記』に見られたような被害者への視線が全く消えてしまったわけではないのである。延慶本では、兵糧米《ひょうろうまい》を徴発されて苦しむ民衆の姿や、周辺一帯を苦しめる軍事行動への批判なども、いくつも見られる。だが、そうしたものの多くは語り本では消えてしまう。『平家物語』は語りを通じて名もなき民衆の声を反映したというような考え方は、こうした面では疑わしいと言わざるを得ない。そして、延慶本なども含めて『平家物語』全体としては、被害者の嘆きの心よりも、戦う武士たちの姿と心を圧倒的に大きく描き出しているのである。

『平家物語』の義経

放火の常習犯のように描かれてはいたが、義経は、『平家物語』では何と言っても英雄である。一ノ谷合戦では、互角だった戦いの形勢を坂落の奇襲によって一気に傾け、天下分け目の合戦に勝負をつけた。屋島合戦では、正面の海からの攻撃ばかりを想定していたであろう平家に対して、背後から突然に騎馬で奇襲し、平家を拠点から追い出して、膠着《こうちゃく》していた状況に決着をつけた。

とりわけ屋島合戦では、義経の姿が大きく描かれる。まず注目すべきは、佐藤嗣信《つぐのぶ》の物語である。佐藤嗣信は、奥州の藤原秀衡から義経に付けられた佐藤兄弟の兄。屋島では、敵の猛将平教経《のりつね》が強弓で義経を狙うのに対して、自ら楯となって義経の前に立ちふさがり、教経の矢を受けて倒れた。義経は自分の身代わりになってくれた嗣信を抱き起こして最期を看とると、その供養のために近くから僧を尋ね出し、布施として、大夫黒《たゆうぐろ》という名の名馬を与えた。この時代の武士にとって、馬は命の次に大事なものであり、まして大夫黒は、義経が生涯の栄光である五位に任ぜられた時、記念にこの馬も五位（大夫）にしようというので「大夫黒」と名づけ、一ノ谷の坂落もこの馬で成し遂げたというほどの愛馬であった。それを惜しげもなく布施に与えてしまう義経を見て、武士たちは、「この君のために命を差し出すことは、惜しくもなんともない」と感涙にむせんだという（覚一本・巻十一「嗣信最期」による。諸本ほぼ同様）。

また、その後、那須与一の話を挿んで展開される「弓流」の逸話も著名である。義経は、馬で海に乗り出し、船の平家と混戦を繰り広げた。船からは義経を馬から引き落とそうと、熊手で義経の兜を狙ってくる。そうしているうちに、義経は海中に弓を落とし、鞭を伸ばして懸命に拾おうとした。源氏の武士たちははらはらして、「危ないですから弓など捨ててください」と声をかけた。弓は主要な武器ではあるが、太刀などとは異なり、木や竹で作る消耗品であり、さほど高価なものではない。捨てても惜しくはないはずの弓を、義経は危険を冒して拾い、浜に戻ってきた。「どんなに貴重な弓でも、命には代えられませんよ」といさめる武士たちに、義経は答えた。

いや、弓が惜しいわけではないのだ。叔父の為朝のように強い弓ならば、わざと落として敵に取らせてやりたいくらいだが、私は小兵で弓は小さい。弱い弓を敵に取られて、「こんなのが源氏の大将義経の弓なんだぜ」などと嘲笑されては恥なので、命に代えて取ってきたのだ。

一見、何も考えていない子供じみた行為に見えた義経の振る舞いは、実は武士らしいプライドに支えられたものだった。これを聞いた武士たちは深く感動した（覚一本・巻十一「弓流」による。諸本ほぼ同様）。

このように、義経はただ強いだけではなく、武士たちの心をつかむ名将であったということを、『平家物語』は、武士たちの視点から描いているのである。『将門記』とは異なり、『平家物語』の合戦記事では、武士たちの視点から「武」を肯定的に描く記事がかなり多くを占めるようになっているわけである。

武士＝夷への蔑視

しかし、その義経に対して、『平家物語』が冷淡な視線を向ける場面もある。元暦元年

（一一八四）、後鳥羽天皇即位に伴う大嘗会《だいじょうえ》の御禊《ごけい》の行幸があった。義経はその警護を務めたわけだが、その姿は、「義仲に比べると、はるかに都になじんでいたけれども、平家に比べると、そのなかの屑よりももっと劣っていた」と酷評されている（覚一本・巻十「藤戸」。諸本同様）。その直後の屋島合戦で、理想的武将としてあれほど賞賛される義経が、ここでは平家のなかの屑よりもなお劣っているとされるわけである。

しかも、そこで義経と対比して賞賛されるのは、二年前に安徳天皇の大嘗会の際、御禊の行幸をとりしきった平宗盛である。宗盛は、『平家物語』の中では凡愚の人として、兄の重盛との対比においても、弟の知盛や重衡との対比においても、きわだった愚劣さと醜悪さを描かれる。『平家物語』の中でも最も馬鹿にされている人物と言ってもよいだろう。その宗盛が、ここだけは立派な姿であったと回想されて、義経と対比されている。評価基準は貴族らしい容姿の美しさや立ち居振る舞いの優雅さであり、その点だけは、宗盛が義経よりもはるかにまさっていたというわけだが、ストーリーの上では特にふれる必要もないことである。それを記す『平家物語』には、貴族らしさが求められる場面に敢えて義経を引きずり出しておとしめようとするような、武士たちを蔑視する価値観の存在を認めざるを得ない。

『平家物語』は多様な視点や価値観を内部に共存させた作品であり、一人の人物に対する評価も決して一様ではない。それはおそらく、この作品が、一人の執筆者が著作するというよりは、雑誌を編集するように多様な素材を集めて作られたことによっているだろう。そうした編集作業の結果、武士の側から生まれた話材を大量に取り込んだことによって、『平家物語』は結果的に武士の視点に立つ記事を多く含み持つ作品となった。そのため、武士の考え方をある程度反映した作品になっているのだろう。ただし、武士を主人公とする記事が武士を肯定的に見ているとは限らない。

たとえば、熊谷直実が、心ならずも敦盛を討って出家した物語は、『平家物語』の中でも有名なものである。その中で、熊谷は、敦盛が笛を持っていたのを見つけると、「我々東国武士には、戦場に笛を持参するような者はいない。高貴な方はやはり風雅なものだ」と、優雅な敦盛と野蛮な東夷《あずまえびす》である我が身を比べて涙したと描かれる。勇猛果敢な東国武士の代表ともいうべき熊谷直実の口からも、東国武士の野蛮さが語られるわけである。このような物語には、武士に対する冷淡な視線が見て取れるだろう。

武士への蔑視は、物語の古い段階ではより強いものだったのではないか。たとえば、延慶本巻二の蘇武《そぶ》説話（中国故事）の中では、匈奴《きょうど》（中国北方の異民族）を日本の東国武士になぞらえた記述が見える。京都の貴族は中国の戦争を考えるにあたって、漢民族の政府を自分たちに、匈奴などの北方異民族を東国武士になぞらえて理解していた。東国武士を本気で異民族と思っていたわけではなかろうが、「東夷《あずまえびす》」という蔑称は、必ずしも単なるレトリックではなかったのである。そのように武士を蔑視する感覚が、『平家物語』には垣間見《かいまみ》える。おそらく、そうした価値観は、『平家物語』が本来持っていたものなのではないだろうか。

『平家物語』の作者は武士ではない。作者候補として武士を考える説も、古来ほとんど見られず、伝説的な語り手として悪七兵衛景清《かげきよ》を挙げるような伝承があるばかりである。おそらく、さまざまな記事や伝承を取り込みつつも、基本的には中下級貴族や僧侶といった階級に属する作者によってまとめられ、その後も知識層によって改訂され続けた『平家物語』は、基本的には武士の意識を基軸として作られた作品ではない。その意味では、武士あるいは「武」に対して必ずしも肯定的ではない姿勢が見えるのも、自然なことであった。一三世紀頃までの軍記物語には、未だ『将門記』に共通するような、「武」に対する否定的姿勢が残っていたと言えようか。

「文武二道」

もちろん、軍記物語には、「武」を国家に必要な要素として位置づける視点が存在する。たとえば、平治の乱を描いて、やはり一三世紀前半に成立したかと見られる『平治物語』

は、冒頭で、次のように述べる。

昔から今に至るまで、帝王が臣下を評価し、任用するにあたっては、日本・中国のどちらの先例を調べても、文と武の二つの道を重視してきた。文によってすべての政治を補い、武によって四方の反乱を鎮めるのである。そういうわけで、天下を保ち、国土を治めるには、文を左に、武を右にするのだという。たとえば、人の両手のようなもので、どちらが欠けてもいけないわけである。（一類本による。諸本同様の文あり）

「文武二道」論は、唐の太宗が子息（後の高宗）に与えた政道論書『帝範』の「文武二途、一を捨つるも不可なり」などを出典としたものと見られる。

『平治物語』は、そうした中国の政道論を受け継いで、国家にとっては文武が共に重要であると説くわけだが、戦う武士を描く軍記物語として必要なのは、「文」よりも「武」の重要性を説く論理である。それは、右の文に続けて、このように展開される。

とりわけ、末代となった今では、人々はおごり高ぶって朝廷の権威をおろそかにし、民の身分でありながら、猛々しく獣のように秩序を乱そうとする心をいだく。このような時代には、十分に心を配り、特に人材を抜擢して賞するべきは、武士（勇悍のともがら）である。（同前）

「文」と「武」は共に必要ではあるが、末代には武士が特に重要だというわけである。武士が重要であるという理由として示されているのが、「末代には世が乱れるために『武』が必要となる」という認識であることには注目すべきだろう。末代ゆえに「武」が必要だということは、逆に言えば、古き良き時代、朝廷の権威が尊重されていた、まっとうな世の中では、「武」など必要ではなかったということになろう。

「文武二道」論によって「武」の重要性を説く文言は、建長四年（一二五二）に成立したという説話集『十訓抄《じっきんしょう》』第十ノ五十六話にも見られる。

およそ「武」というものは、世が乱れた時、平和を回復するために必要となるので、「文」に並んで優劣がない。朝廷では、文武二道を左右の翼としている。

だが、これも、「武」は世が乱れた時に必要なので「文」と同じぐらい重要なのだという論理であり、「文」の優位を前提としたものだと言えよう。国政において武士が重要な位置を占めるようになった鎌倉時代に、そうした新たな状況を反映して、「武」を「文」と対等の位置まで引き上げようとする論理なのである。

下降史観と「武」

類似の認識を詳しく示す例として、延慶本『平家物語』巻一の、作者の歴史観を語る一節を見てみよう（巻一・三十五「平家意ニ任テ振舞事」）。

推古天皇の御代《みよ》に、聖徳太子が十七条の憲法をお作りになって、この世で何が良くないかをお示しになったが、抽象的な戒めを示されたばかりで、さし迫った問題があったわけではなかった。次に、文徳天皇（文武天皇の誤りか）の御代に、大臣の藤原不比等が律令をお選びになった。律と令、各々十巻の書をお作りになったが、人の心が未だあまり歪んでいなかったので、法の具体的適用を保留して、処罰などは行わなかった。その後、淳和天皇の御代には、世が乱れ、人々が正直ではなくなったので、法令を優先して政治を行うようになってから四百余年経つが、世は時間が経つと共に衰え、人の心は時代が降ると共に歪むようになった。そして、平治の乱までは、源平両氏が肩を並べ、互いに朝廷に叛く者を討って世を治めた。この両氏が朝廷に従うかと思っていたところ、平治以後は源氏が滅び、平家がおごり高ぶって、恐れを知らない状態である。（延慶本に誤脱があるため、同じ読み本系の四部合戦状本の類似記事により一部改めつつ訳した）

典型的な下降史観である。かつて人の心は純朴であり、法がなくても世は平和に治まっていた。ところが、時代が降るに従って世が乱れやすくなって、法が必要になったという。だが、淳和天皇（在位八二三～八三三年）の時代には、特に反乱などがあったわけではない。『令義解《りょうのぎげ》』が撰述され、律令政治が整備された時代である。むしろ、法が整備されることが世の衰えの兆候と認識されているわけである。人の心が悪くなるに従って、法が細かく整備されて、それによって人を処罰するようになっていったというのである。

こうした文脈で言う「法」は、現代語で言う「法律」よりも「罰則」のニュアンスが強い。法律の整備によって平和な秩序が成立すると考える現代人の目には奇異に映る論理だが、学校の問題として考えればどうだろう。たとえば、生徒の非行に対して「喫煙は最初は注意ですむが、二度目以上は停学」とか、「傷害事件を起こした場合、被害者のケガが全治何日までなら停学何日間、それ以上は停学何週間」などと罰則を細かく定めている学校があったとすれば、それは理想的な学校の姿だろうか。そんな罰則を決めねばならないこと自体、事件が頻発する困った学校だと判断する人が多いのではないか。徳によって国を治めようとする論理とは、そうした考え方である。個人が各々違った価値観を持っていることを前提とした近代国家とは、前提が違うわけである。

法によって人を処罰するようになれば、処罰を実現する武力が必要となる。そこで、世が衰えるに従って、ますます強大な武力が必要になった。しかし、源氏と平家が互いに牽制し合い、朝廷に叛いた者を互いに討伐することによって、何とかバランスを保って世を治めてきた。ところが、その均衡も平治の乱以降は崩れ、平家が武力で独裁を行うようになって、ついに最悪の時代に入ってしまったというわけである。

これらの軍記物語は、「武」の必要性を末代ないし世の衰えによるとする傾向が強い。「武」は、悠久の昔から本来的に必要だったわけではない。むしろ、古き良き時代には不要だったのに、末代になって必要悪として重要な位置を占めるようになってしまったのが「武」だと認識されているのではないか。

東アジアの「文」重視

先にもふれたように、「文武」という概念は中国のものである。「文武」は、個人が二方向の才能を併せ持つなどといった意味で『詩経』などにも見られる古い漢語であり、それを政治論に用いたのが「文武二道」の出典とされる『帝範』である。だが、根本的理念としては「武」よりも「文」を重んじるのが中国の伝統であることはよく知られている。漢代以降、儒教を理念とした中国では、礼楽《れいがく》により人々の道徳心を高め、徳による政治を行うことを理想とした。たとえば服喪《ふくも》期間などの形式を厳しく定めた礼や、伝統を守った音楽などによって人々の心を正しい方向に導き、古来の典拠に通じた格調高い詩文を作る能力を持った人物を官僚に登用する科挙によって政府を作るその政治体制は、明らかに「文」を重んじたものである。

そうした「文」優位の伝統の中で、唐の太宗は『帝範』で「文武二途」を説いた。それは、戦いの末に権力を握った太宗（李世民）にふさわしい、現実主義的な教えであったと言うべきだろう。太宗は、隋末の動乱の中で自ら最前線に立って戦いを重ね、父の高祖（李淵）を助けて唐王朝を築いた後、兄弟を殺して帝位に就いた。その経験に基づいて子息の高宗に与えた帝王学と言うべき政道論書が、『帝範』なのである。

そして、平安・鎌倉時代の日本では、『帝範』や、太宗と臣下の会話を収録した『貞観《じようかん》政要《せいよう》』などの実践的な政道論が尊重された。「文武二道」は、現代日本でもしばしば用いられる「文武両道」の語の起こりでもある。また、高麗や李朝朝鮮において支配階級となった「両班《ヤンバン》」は、文官と武官の二つの官僚の意味である。「文武」という概念を政治に用いるのは、東アジア共通の文化だったわけである。

だが、その根本には、古代の聖人（堯舜などの伝説的帝王や孔子など）に学び、人々がそうした徳を身につけることによって国家の安泰を保とうとする考え方がある。それは、聖人の時代に比べれば、人の世は次第に悪くなっているという前提で、古き良き時代に何とかして少しでも近づこうとする発想を伴っていた。日本では、儒教が国家を支える理念として本格的に受け入れられたのは江戸時代だが、このような中国的政治思想は知識人には古くから知られていた。また、そうした思想と不可分な下降史観に拍車をかけたのが、仏教の末法思想である。このように見てくれば、延慶本『平家物語』などのように、下降史観の中で「武」を末代の必要悪としてとらえる考え方が生まれるのは、必然的なものであったことが理解できよう。

このように、「文武二道」の政治論は、末代では「武」が必要となるのもやむを得ないといった文脈で説かれる論理として、軍記物語などに定着したわけである。それは「武」の価値を優先的に説く論理ではなく、「文」優位を前提としつつ、「武」にも「文」と同等の、あるいは同等に近い価値を認めようとする論理であった。もとより、日本の「武」の他国に対する優位を説くような主張とは無縁なものである。

「武威」の用法

平安末から鎌倉時代における「武」への認識について、もう一つだけ見ておくこととしたい。「武威」という言葉に関する池内敏の指摘である。武士が政権を握った近世（江戸時代）には、「武威」は「武家を主体とする政治意識・国家意識」を示す言葉として用いられたが、「武威」という言葉が見え始める一二〜一三世紀頃には、「武威」は「直接的な暴力（軍事力）およびその威力」といった語義で用いられており、『吾妻鏡』などでは「他者の意向を排除しうる暴力」を指す例が多いというのである。

江戸時代に「武」が高い価値を認められ、日本人が自国を「武国」と意識するようになることは三章で後述するが、たとえば、熊沢蕃山『集義和書《しゅうぎわしょ》』（一六七二年初刊）には次のような記述が見える。

弓矢などの武具があっても、威（権威）がなければ人はそれを恐れない。武具を備え、武事を練習して、武の備えを厳重にして権威があれば、四方の人々はこれを見て恐れ、犯そうという心を起こさないのである。（巻七）

武士は天下を警護して民の安全を守り、主君の守りとなり、武威をもって世が平安であるようにつとめるものである。（巻十六）

武力を常に行使せよというのではなく、武的な実力を備えることによって生ずる精神的権威によって、国家を平和に保つというのである。江戸時代の日本の政権、あるいはそれを支える学者たちは、しばしばこうした論理を用いた。

しかし、平安後期から鎌倉中期頃までは、「武威」は単なる暴力を指す例が多い。たとえば、義経が頼朝と決裂し、朝廷を脅迫して頼朝追討の宣旨（命令書）を出させた時、その宣旨には、「従二位頼朝卿、ひとへに武威を耀《かかや》かし、すでに朝憲を忘る」（『玉葉』文治元年〈一一八五〉十月十九日条）とあった。頼朝が「武威」を振りかざして朝廷に叛いているというのである。しかし、義経は間もなく没落し、朝廷は頼朝追討宣旨を出したことを頼朝から責められた。そこで後白河院の側近高階泰経《たかしなのやすつね》は、「義経等のこと、全く微臣が結構にあらず。ただ武威を怖れて伝奏するばかりなり」（『吾妻鏡』同年十一月十五日条）と弁明したという。「私のたくらみによって宣旨を出させたわけではありません。義経に脅迫されてやむを得ず出したのです」と弁明する中で、義経の脅迫を「武威」と表現しているわけである。この時代の「武威」は、このように、国家に必要な権威などではなく、個々のむき出しの暴力を指し、しかも否定的に用いられることが多い。

『平家物語』の場合、覚一本には「武威」の用例が見られないが、延慶本では六例が認められる。延慶本の例も、菊池高直を「恣《ほしいまま》に武威を振ひ、忽《たちま》ちに皇化に背く」（巻六）と非難し、あるいは清盛を「入道ひとへに武威を以て、都城の内には官事を蔑《あなど》り……」（同）と非難するなど、否定的な用法が目立つ。

つまり、『平家物語』を生み出した時代の環境は、このように、「武威」という言葉を否定的に用いることの多い社会だったのであり、そうした価値観は物語にも反映しているのである。

時代の変化と価値観の変化

もちろん、『吾妻鏡』や延慶本『平家物語』にも、後代の用法に近い「武威」の用法は見られる。『吾妻鏡』で最初に見える「武威」の用例は、壇ノ浦合戦直後に勅使が長門国に赴いた際の、「征伐すでに武威を顕はす」（元暦二年〈一一八五〉四月五日条）との表現で、これは義経の勝利を賞賛した表現である。また、延慶本『平家物語』では、「武威を耀《かかや》かして天下を鎮めし入道の子息重盛」（巻二）と、「武威」によって「天下を鎮めた」という表現も見える。

鎌倉時代後期には、池内敏が指摘するように、早歌《そうが》（宴曲）の中で、「武威おもく文道すなほ成《なり》ければ、四夷又おこる事なく、三韓はやくしたがはむ」（『宴曲抄』中・文武）と歌われるし、『八幡愚童訓』甲本にも、「（末代には）文を以ては随はず、武を以ては平ぐべし。武威を以て帝運に添へ坐《まします》せり」との文がある。これは、上代には「謀叛悪逆の輩」がなく、武力を用いる必要がなかったという言葉に続いている。上代には必要なかった武力が末代には必要になるという、先に見てきたような論理につながるものであるわけだが、「武威」が「帝運」を補佐するという表現は、「武威」をより強く認めたものと言えよう。

このように、「武」をめぐる表現は、少しずつ肯定的な表現に変わってゆくものの、鎌倉時代には未だ否定的なものが多く、軍記物語である『平家物語』や、鎌倉幕府の歴史書である『吾妻鏡』もその例外ではなかったといえよう。

「鎌倉時代からは武士が実権を握り、武士の世になりました」といった教科書的な歴史観からは、いくぶん不審に思われることかもしれないが、もちろん、歴史は一朝一夕に変わるものではない。「今日から鎌倉時代です」とでもいうようなくっきりとした区切りがあったわけではないのはもちろん、人々の価値観や感覚というものが少しずつしか変わっていかないことも明らかであろう。しかも、鎌倉幕府の成立は革命ではない。少なくとも形式的には、朝廷を支える軍事的機構が、地方にできただけのことだった。鎌倉幕府が一定の権力を握ったぐらいで、日本人全体の価値観がそう簡単に劇的な変化をとげるはずもないのである。

とはいえ、社会にはさまざまな人々が存在する。仮に多数派が依然として「武」に否定的であり、文字による表現に携わる人々の多くが武士に冷淡な目を向けていたとしても、社会の一部では、「武」を標榜する人々が一定の地歩を占めていたことは疑いない。彼らは未だ、自分たちの思いを文章の形では表現しなかったようである。あるいは表現したものの、それを後世に残すことができなかったのかもしれない。しかし、戦場で自ら武器を取って戦う者たちの間で共有される武士特有の価値観というものは、平安時代に既に育っていたはずであり、そうした集団は社会の中で次第に有力な位置を占めてゆき、やがて自らの価値観を表現するようになってゆく。次にその様相を見てゆきたい。

3　武士の自意識の発達とその表現

「兵の道」

「武士」という言葉は奈良時代から『続日本紀』などに見られるが、社会的身分としての「武士」が形成されてくるのは平安時代半ば頃のことである。先にもふれたように、日本の武士は馬上で長大な弓を射るという特殊な技能を家職として専門的に継承し、鍛えた者たちである。そうした者たちの間には、自然に武士特有の生き方が成立した。「兵《つわもの》の道」「弓矢の道」などといった言葉は、それを考える上で有力な材料になる。この問題については既に述べたことがあるが、ここで簡単にふりかえっておきたい（佐伯『戦場の精神史』及び「「兵の道」・「弓箭の道」考」参照）。

「兵の道」という言葉は、『将門記』に見られる例が初出である。武蔵国庁の紛争で、武蔵武芝が源経基の営所を囲んだ場面で、「経基は未だ『兵の道』に熟練していなかった」と言う場面である。この例に見るように、「兵の道」は、もともと武士としての能力を意味する言葉であった。よく誤解されることだが、本来は倫理や道徳を意味する言葉ではない（髙橋昌明）。

この言葉の用法は、一二世紀前半に成立したと見られる『今昔物語集』において、より鮮明に見えてくる。『今昔物語集』では、武士を「兵《つわもの》」と呼んでおり、「兵の道」の語が全巻に十六例見出せる。そのうち十二例は、武芸の腕や勇敢さ、度胸など、戦闘の実力を意味するものである。たとえば、源充《みつる》と平良文が「兵の道」を競って決闘した（巻二十五・三話）、あるいは、盗賊対策のために「兵の道」に達した者を五十人派遣した（巻二十九・六話）というように用いられる。また、天竺（インド）の話では、シャカ族は皆「兵の道」を極めていたが、戒を保っていたので虫一匹殺さなかった（巻二・二十八話）などといった話もある。

だが、こうした語義とは多少異なる例もある。たとえば、藤原保昌は武士の家柄ではなかったが、武家の出身者に劣らず剛胆で腕が立ち、大力で判断力もあったので、朝廷も「兵の道」に使っていたという（巻二十五・七話）。あるいは、源満仲が出家する前夜、「私が『兵の道』を立てるのも今夜限りだ」と述べたという。このように、武士として奉公することと、あるいは武士として生きることそのものを、「兵の道に使われる」、「兵の道を立てる」などと表現したわけである。

こうした「道」という表現は武士だけのものではない。さまざまな生き方に、それぞれの「道」があった。たとえば遊女には遊女の道があった。『源平盛衰記』の祇王《ぎおう》説話では、推参（呼ばれもしないのに訪ねてくること）をした仏御前《ほとけごぜん》を、祇王が「道を立てる者は、そのようにするものだ」と、かばう場面がある（この時代の遊女は売春婦ではなく誇り高い芸能者である）。また、和歌に生きる歌人には和歌の道があった。『太平記』巻二で、謀反に関わった疑いによって拷問された二条為明が、「思ひきや我が敷島の道ならで浮き世のことを問はるべしとは」と詠み、人々を感動させたという話があるが、この「敷島の道」とは和歌の道のことである。世阿弥が「まづこの道に至らんとおもはん者は、非道を行ずべからず」（『風姿花伝』）と言ったのは、もちろん能（中楽《さるがく》）の道である。

平安後期頃から中世にかけて、それぞれの専門の道に生きる人々が増えていった。歌人には歌人として、芸能者には芸能者として身につけるべき能力や、それに応じた名誉があり、また習慣があり、生き方があったわけで、それを各々の「道」と呼んだ。そうした「道」の一つとして、武士には武士らしい能力や習慣、そして生き方というものがあり、それを「兵の道」などと呼んだわけである。武士の「道」は、腕力や弓射の技術、あるいは勇気や度胸などといった戦闘能力の意味から、どのように発展していっただろうか。

『平家物語』の「弓矢の道」

一三世紀前半に原型が成立した『平家物語』では、「兵の道」という言葉は影をひそめ、「弓矢（弓箭）の道」が中心となる（「弓箭」は「きゅうせん」または「ゆみや」と読む。「弓《ゆみ》矢《や》の道」と「弓箭《きゆうせん》の道」を区別する見解もあるが、両者を区別するのは困難だろう。ここでは表記を「弓矢の道」に統一する。また、「弓矢取る道」なども同様に扱う）。「弓矢の道」は、『今昔物語集』にも四例見られ、弓矢の能力または武士としての能力の意に用いられていた。本来、弓を射る能力そのものを言う言葉だったものが、武士としての能力そのものをも意味するようになったものであろう。弓矢を主な武器とした時代である。

延慶本『平家物語』では、「弓矢の道」が七例見られる。そのうち三例は武士としての能力を言うもので、前代の「兵の道」の本来の語義を継承するものと言える。だが、「弓矢取る道」や「弓矢取りの習い」「弓矢の道に携わる習い」など、その周辺にある言い回しも含めて観察してゆけば、なかなか多様なものが見えてくる。

小壺坂《こつぼざか》合戦において旗色の悪い自軍の兵を、「『弓矢取る道』にありながら、ここで引き返して戦わないならば、もう武士などやめてしまえ」と叱咤《しつた》した畠山重忠の言葉（延慶本・巻五）は、武士としての名誉を問題にしている。また、義仲に追われて旧都福原を落ちて行く際、宗盛の演説に応えて、「『弓矢の道』に携わる者の習いとしては、裏切りを永遠の恥とするものです」と、郎等たちが述べた言葉（同巻七）は、武士は裏切りを恥じ、忠義を尽くすのが当たり前だと述べている。これらは、武士らしさというものが戦闘能力だけではなく、名誉や忠義など精神的・道徳的な内容にも関わるようになってきたことを表していると言えよう。

ただし、これらは、基本的にはあくまで武士の現実への認識を表現した言葉である。つまり、「武士たる者、こういうものでなければならない」という理想の表現ではなく、「武士というのは一般にこういうものである」という現実認識をそのまま表現しているのである。特に、「道」という言葉を使わずに「武士の習い」を言う場合には、およそ理想にはそぐわないものもある。

たとえば、畠山重忠に頼朝に帰参するよう勧めた乳母子《めのとご》・榛沢《はんざわ》成清の「弓矢取りの習いとして、父と子が敵味方に分かれることもよくあることです」という言葉（延慶本・巻五）。畠山重忠は、頼朝挙兵当初は平家方で戦ったが、頼朝勢が関東を席捲する勢いに、たまらず頼朝に帰服した。だが、重忠の父・重能《しげよし》はこの時、大番役として京都で勤務し、平家政権のお膝元に仕えていた。重忠が頼朝につけば親子が敵味方に分かれてしまうことになるが、それも武士としてはよくあることだというのである。

また、伊予で平家に叛いて高縄城に籠もり、戦っていた河野通清の弟・北条通経は、平家方の西寂《さいじゃく》に捕らえられた。西寂は通清に捕虜交換を申し出たが、通清は、「敵に生け捕られるような間抜けは生かしておいてもしかたない、そちらで勝手に斬るがよい」と言い放った。そこで、通経は、「弓矢取りの習いとして、敵に生け捕られてしまうこともよくあることではないか。兄弟として通清の言いぐさは無情に過ぎる」と憤り、兄を裏切って城を落とす手引きをしたという（延慶本・巻六）。

「武士というものは、裏切りを恥とするものだ」というのも武士に関する一つの認識だが、「武士というものは、親子で敵味方に分かれてしまうこともある」「敵に生け捕られてしまうこともある」というのも、それぞれ現実的な認識なのである。武士の生き方に関するさまざまな認識が、「弓矢取りの道」「弓矢取りの習い」として、その場に応じて表現されているわけである。

こうした言葉は、武士の生き方についてさまざまな認識を示しているが、いずれも、「武士には武士の生き方がある。他の人々とは違う、独自の習わしや価値観があるのだ」という前提に立っている。戦闘を仕事とする武士には、平和な社会に生きる人々とは違った独特の習慣があり、武士同士でのみ成り立つルールがあり、それを支える価値観がある。芸能に生きる遊女に、世間一般とは異なった習慣があるのと同じことである。『今昔物語集』などの説話集や、『平家物語』などの軍記物語は、そうした独自の「道」や「習い」の中で生きている武士たちに注目し、その独特の生き方を描き出しているわけである。

だが、『平家物語』が、武士によって書かれたものでも武士のために書かれたものでもないことは、先に述べたとおりである。『今昔物語集』が武士に向ける視線は、『平家物語』よりも一段と疎遠であり、時には闇にうごめく不気味な存在として武士を描くことはよく知られている。社会に新たに登場した武士という存在の、一般人とは異質な生き方に興味を示し、注目するところから、次第にそうした生き方への共感をこめた記事を増加させていったのが、『将門記』や『今昔物語集』から『平家物語』への流れであると言えよう。そうした中で、武士の自意識やその生き方は、次第に多く詳しく描かれるようになっていったわけである。

『太平記』の「弓矢の道」

『平家物語』よりもさらに一世紀半ほど遅れ、南北朝の戦乱を描いて一四世紀後半に成立した『太平記』では、合戦記事も『平家物語』に比べて質量共に格段に発達し、「智謀」「謀」を駆使する「良将」を賞賛するなど、武士や武将の存在が一段と前面に出てきている印象がある。この戦乱の口火を切ったのは、武家政権を押さえ込んで、朝廷に本来の権威を取り戻そうとした後醍醐天皇だったが、北条氏の独占体制に反発する武士を使って鎌倉幕府を倒すことには成功したものの、その新政はたちまちのうちに失敗し、南北両朝に分かれた朝廷は、複雑に対立し合う武士たちがその場その場の都合でかつぐ神輿《みこし》のような存在になりはてた。結果的に戦乱は長々と続き、武士の力はますます強くなって、国家の中心的な位置に座るようになった。

『平家物語』の時代とは比較にならないほど大規模で長く続いた南北朝期の合戦は、前代からは大きく変化した。個々の武士の「弓馬のわざ」の技量や勇敢さに頼る面は後退し、騎兵集団と歩兵集団が連携して効果的な作戦をとる、組織戦が必要になったのである。また、合戦は、義経が言っていたように「平攻《ひらぜ》めに攻めて」一気にかたがつくものではなくなり、押しては引き、引いては押す駆け引きが重要になった。『平家物語』では、ほとんどの合戦が一日のうちに決着のつくものだったが、『太平記』では、いったんは負けたように見えた側が援軍を得て押し返すとか、持久戦になって疲弊した方が退くなどといった複雑な過程をたどる合戦が多い。したがって、多数の兵を効果的に操る将の能力が問われるようにもなった。『太平記』では、こうした能力に富んだ将を「良将」と呼んでいる。『平家物語』にはほとんど見られなかった表現である。

そうした中で、個々の武士が馬上で弓を射る力の強さは、相対的に重要性を減じた。それに従って、「弓矢の道」といった言葉も、馬上弓射の能力といった本来的な意味をほぼ失い、変化をとげてゆく。『平家物語』で現れ始めていた、倫理・道徳に関わる側面が、

『太平記』ではより強くなるのである。流布本『太平記』では、「弓矢の道」が八例あるが、そのうち六例が武士らしい精神や倫理・道徳に関わるものである。たとえば、巻十「新田義貞謀叛事」における脇屋義助の言葉「弓矢の道、死を軽んじて名を重んずるをもつて義とせり」、巻三十一「新田義兵を起こす事」における石塔頼房の言葉「弓矢の道、ふたごころあるをもつて恥とす」、巻三十四「銀嵩軍《かねがだけいくさ》の事」における赤松氏範の言葉「今更弱きを見て捨つるは弓矢の道にあらず。力無き処なり。討死するより外の事有るまじ」などといったものである。

「武士らしさ」が、次第に精神性を多く含むものになってきていると言えよう。同時に、それを武士自身が述べる形をとった例が多い点も注意すべきか。それは、「武士はどうあるべきか」を自覚的に考える武士が増えた、あるいはそうしたことを考えねばならない機会が多くなったことを表しているのではないか。そうした思考の広がりは、やがて「武士道」に関する表現にもつながってゆくわけだが、それはまだ先のことである。

『太平記』と武士

なお、『太平記』という作品と武士の関わりについても簡単にふれておこう。『平家物語』の場合、武士の文学という性格はあくまで一部にとどまっていたと言えるが、『太平記』の場合、武士の文学という性格がより強くなっている。たとえば、『太平記』の成立後間もなく、応永九年（一四〇二）に今川了俊（貞世）が記した『難太平記』は、今川家の功績が正当に書き入れられていないと『太平記』を批判する。

同書はまた、足利直義が本文内容に介入し、合戦における「高名」に関わる「書入」「切出」が行われたことを証言している。要約すれば、次のような記事である。

昔、法勝寺の恵鎮上人が、『太平記』をまず三十数巻持参して、錦小路殿（足利直義）のお目にかけた。直義がそれを玄恵法印に読ませると、事実と相違することが多かった。そこで、直義は、書き入れや削除の必要を指摘、それができるまで公表してはならないと命じた。その後、添削作業は一時中断し、最近再び書き継がれた。書き継ぎに際しては書き入れの希望も多く、功名を立てた者がたくさん記される結果となった。しかし、実際には大功があったのに、記事の中では大勢の中に交じって名が記されるのみの人もある。全く名前を記されなかった者もあるだろう。

つまり、武士たちの功績をきちんと書き残すべき歴史書として、『太平記』をとらえているわけである。

また、赤松氏の遺臣が、『太平記』を戦功の証明として用いた事例も知られる。『赤松世系覚書』によれば、赤松の遺臣が足利義政に主家再興を嘆願した際、義政に「太平記を御覧候へかし」と勧め、『太平記』によって赤松家の足利将軍家への忠節を認めさせたというのである（鈴木登美恵の指摘による。なお、『太平記』を読めと勧めた人物は、赤松一族の出身である禅僧・季瓊真蘂《きけいしんずい》か）。

このように、『太平記』については、武士の功名を記した作品という理解が、早くから成立していたわけである。そのような意味では、『太平記』は武士のための作品という側面を持っていた。

しかし、『太平記』が武士によって武士のために作られた作品かといえば、そうではないことも明らかだろう。『太平記』は、「古今之変化」「安危之来由」を問いかけた君臣論の序文に始まる。また、末尾近くでは、因果応報をもって乱世の由来をしめくくる「北野通夜物語」によって世の行く末を論ずる。『太平記』は、時代を人間の思いのままにならない乱世ととらえ、正しい政道によってそれを治める方途を模索し続けているわけである。決して、武力による政治を肯定しているわけではない。武士の功名が大量に書き込まれ、それを中心とした読み方、利用のしかたがなされたとしても、作品そのものが武士の立場に立っているわけではないという点では、『平家物語』と本質的に違いはない。

『義貞軍記』という作品

その『太平記』の主要登場人物の一人である新田義貞の名を冠して、おそらく一五世紀前半頃に作られたのが、『義貞軍記』である。といっても、御存じの読者はおそらくほとんどあるまい。作者不明の作品で、新田義貞の名を冠するものの、おそらくは仮託で、義貞自身ではないだろう。群書類従には「義貞記」の名で収められているが、「義貞軍記」の名が本来であると見られる（今井正之助）。「軍記」という題名ではあるが、いわゆる「軍記物語」ではなく、武士の心得や合戦・生活に関わる実践的知識を説いた、教訓書・実用書的な書物である（もっとも、実は「軍記」という言葉は、本来は物語ではなく、こうした書物を指すものだったようだが）。

従来あまり顧みられてこなかったものだが、筆者は武士の自意識の表現の歴史を考える上で、重要な作品と考えている。武士が武士としての自意識に基づき、武士の「道」について論じた書物として、現存文献のなかでおそらく最古の位置を占めるからである。

同書で注目すべきなのは、まずその書き出し（序文）である。

昔から今に至るまで、文と武の二つの徳は、天と地のようなものである。どちらが欠けても国を治めることはできない。そこで、公家は文に携わっている。詩歌管絃の芸のことである。一方、「当道」（我らの道）は武を基本としている。弓馬合戦の道のことである。我々は、いやしくも武士の家に生まれて、及ばずながら先祖の名を継いでいるからには、この道にいそしむ必要がある。そこで、家ごとに代々教えてきたこと、時々に人の語ってきたことを記して、後の記録とし、また思いを述べるのである。「文」「武」の二つの徳を説いた上で、「公家」は「文」即ち「詩歌管絃の芸」を先とするという（「文」を詩歌管絃だと言ってしまうのは、中国的政道論に基づく本来の文武二道論などから見れば矮小化であると言えようが）。

それに対して、「当道」即ち自分たち武士の道は「武」即ち「弓馬合戦の道」を基とするのだと宣言する。「当道」は「我らの道」といった意味で、中世にさまざまの「道」の者たちが自分たちの道を指して用いた語である。たとえば、陰陽師も楽師も琵琶法師も、自分たちの道を「当道」と呼んだ。最も有名なのは、琵琶法師などの盲人の組織が「当道座」と呼ばれたことであろう。

『義貞軍記』の作者は、そうした種々の専門職の「道」と並ぶものとして武士の「道」を「当道」（我らの道）と呼ぶわけであり、その道にとって何が重要なのか、武士の家で代々語り継がれてきたことをこの書に記したというわけである。

作者は不明ながら、武士としての自意識を持つ人物が、「武士は如何に生きるべきか」を自覚的に考え、その生き方を自分たちの「道」として述べるために書かれたテキストなのである。『将門記』『平家物語』『太平記』などの軍記物語は、武士や合戦について語っているが、根本的には武士の立場から記された作品ではなかった。また、『平治物語』や『十訓抄』などで説かれていた「文武二道」論は、国家全体を俯瞰する視点から、末代ゆえの「武」の必要を説く論であった。

それに対して、同書では、武士自身の視点から、「文」に対抗する「武」の立場が強烈に主張される。「文武二道」論をふまえてはいるが、「文」と「武」の双方を上から見比べようとするのではなく、明確に「武」の側に身を置く立場から、今ここに存在している武士がどう生きるべきか、そのあり方を問う。「公家（貴族）＝詩歌管絃＝文」とは異なる、「我らの道＝弓馬合戦＝武」の固有の生き方があることを主張しているのである。武士によるる武士のためのテキストが、ようやく登場したわけである。

『義貞軍記』の「道」

『義貞軍記』の説く教訓には、『平家物語』や『保元物語』『平治物語』『承久記』『曾我物語』など、現在いわゆる軍記物語、とりわけ、『平家物語』からの引用が多い。たとえば、「山河の戦ひの事」では、「山の急坂を落とす時には義経の一ノ谷の坂落（『平家物語』巻九）、河を渡す時には足利又太郎忠綱が橋合戦で宇治川を渡した馬筏《うまいかだ》（『平家物語』巻四）を手本にせよ」とある。『平家物語』の記事を実戦の模範とせよというのである。

「正直も時に依りて儀にしたがふべき事」では、越中前司盛俊をだまし討ちにして首を取った猪俣則綱（『平家物語』巻九）を、「希代の高名」と賞賛する。「『当道』では、基本的には正直を良しとするが、戦場では、時に偽りを用いることも当然である」というのである。時によっては正直の徳よりも勝利を優先せよというわけで、現代人が想像するフェア・プレイの「武士道」とはおよそ対極的な価値観を「道」として示している点、興味深い（佐伯真一『戦場の精神史』参照）。

功名を目指す武士たちの心得としては、「兵は普通に違ひたる振舞をして名を挙ぐべき事」における、

「当道」では、集団的な混戦を避け、他人とは異なる目立った行動で武功を挙げねばならない。敵が千騎あろうが万騎あろうが、自分一人で討ち取ってやろう、駆け散らしてやろうというぐらいの気持ちで戦うべきだ。

という教えも注目される。前述のように、既に日本の合戦は組織戦重視の時代に移っていたはずだが、戦いとは個々が功名を目指すものだという精神は残っていて、それが武士の「道」の根本になっているわけである。功名をとげた者、あるいはそれを目指した者の具体例としては、『保元物語』『平治物語』『平家物語』『承久記』から、多くの人名が挙げられている。

また、軍記物語の引用や合戦の心得から少し離れた例としては、「当座の口論の事」における口喧嘩の心得も興味深い。喧嘩は避けられるなら避けた方がよいが、避けられない場合は一気にまくし立てよという。「問答を重ねていると、敵もだんだん興奮してきて、闘志がわいてくる。だから、相手が本気で腹を立てる前に一気にまくし立てて圧倒してしまえ」というのである。実践的な勝負術ではあろうが、およそ道徳というべきものではない。武士の間ではこうした争いが絶えなかったのだろうが、そうした際の現実体験から生まれた知恵と言うべきだろう。

実体験による知恵といえば、同書は、合戦や武具などに関わる実用知識の他に、博奕《ばくち》・双六《すごろく》・囲碁や料理などについての心得も記している（「武芸に付きたる道々を伺ふべき事」）。これらも実生活に必要な知恵だったということか。そのうち、博奕については、「一に心、二に物、三に上手、四に性、五に力、六に論、七に盗み、八に害」の八つの心得が必要であるという。かいつまんで紹介すると、「五に力」とは「あまり負けた時は（負け分を力で）奪い取れ。力が弱くてはいけない」、「七に盗み」とは「人の目をくらまして、盗みをよくする事」との教えであり、「八に害」は、「以上の七つの道がかなえられない時は、相手を殺して奪い取ればよい」と、全体をまとめるものである。

要するに、博奕でひどく負けた時には負け分を力で、あるいは盗みによって、さらには相手を殺してでも取り返せというわけである。その後、「だから博奕は罪深いのでやらない方がよい」とも言うのだが、現代人の目から見れば、博奕そのものよりも、こうした粗暴な行動の方がよほど問題ではないかという気もする。しかし、武士たちはこうした感覚で生きていたのである。

たとえば、『葉隠』の著者山本常朝の父である山本神右衛門重澄が、いつも「博奕を打て、虚言を言え。一時《いっとき》のうちに七度嘘をつくぐらいでないと、男は立たないぞ」と言っていたという話を想起してもよいだろう（『葉隠』聞書八―一四）。武士たる者、多少は悪事乱暴を働くようでなくてはだめだというのが、未だ平和な世が到来する以前、戦闘に明け暮れた時代の現実的な心得であった。そんな時代の武士の荒々しい生き方に即して、その「道」を教えるのが『義貞軍記』なのである。

『義貞軍記』は、このように、戦場で自ら武器を取って戦う武士が、その実体験から得た独特の教訓と軍記物語から得た知識とを織り交ぜながら、武士独特の生き方を、武士自身の口から語る。治世論もないわけではないが、国家全体を問題にしているとは言えない。まして、異国との関係や、国際的な比較における日本像などは全く視野に入っていない。しかし、「公家」に対抗する武士の自意識が、このような形で一書にまとめられたことが重要であろう。この後に隆盛を迎える「武国」意識とは、この書に示されたような武士の自意識が、国家規模に拡大したものともとらえ得るからである。

『甲陽軍鑑』の「武士道」

『義貞軍記』以降に現れた、武士の自意識を語る書物を、もう一つ見ておこう。『甲陽軍鑑』である。『甲陽軍鑑』は、甲州武田氏の記録として、武田信玄の家臣・高坂弾正が、天正三年（一五七五）頃までに書き、さらにその甥の春日惣次郎が天正十三年まで書き継いだという形になっているが、江戸初期の偽作という見方が一般化して、史料として扱うことは疑問視されてきた。しかし、最近では、酒井憲二の国語学的な研究により、本来は高坂弾正の口述に基づく部分を多く含んでいる書物で、偽作とはいえないとの見方が通説化しつつある。

『甲陽軍鑑』は、「武士道」という言葉の初期の用法を考える最大の手がかりとしても知られる。「武士道」の語には、同書と同時期ないし多少早い可能性のある用例を載せる文献はあるが、いずれも断片的なものであるのに対して、同書の場合、『甲陽軍鑑大成』の索引篇によって検索すると、「武士道」三十九例を拾うことができる。また、「武道」は六十五例あり、その他、類似の言葉に「侍道」「男道」などがある。だが、『甲陽軍鑑』をはじめとする初期の「武士道」の用例は、現代人が新渡戸稲造の『武士道』などによって想

像するようなものではない。（佐伯『戦場の精神史』参照）

たとえば、武田家中で武士同士の喧嘩を禁ずるために「喧嘩両成敗」のおふれを出そうとしたところ、内藤修理は次のように反対したという。

喧嘩両成敗を定めて、皆が喧嘩をしないようにすれば、なるほど平和におさまるかもしれない。しかし、法を守ることを第一として何事も無事に治めようと考えるだけでは、武士たちは「男道のきっかけ」を失い、ただ我慢するばかりの臆病者になってしまう。それでは良い侍はいなくなり、信玄公の矛先は弱体化してしまうだろう。侍大将が「武士道のきっかけ」を外すようになっては、「武士道」はすたってしまい、主君のためにならない。（本篇巻七——要約）

武士たる者、ここぞという時に、後先を考えず勇敢に戦うような気風を育てておかなければ戦には勝てない、ふだんから喧嘩もしない武士では、ものの役に立たないというのである。武士に喧嘩はつきものとする感覚といい、戦いの「きっかけ」を失うなという教えといい、「相手が本気で腹を立てる前に一気にまくし立てて圧倒してしまえ」と教えていた『義貞軍記』の精神が引き継がれていることは明らかだろう。『甲陽軍鑑』の「武士道」は、『義貞軍記』の「当道」の後継者なのである。

『甲陽軍鑑』は、西国の大名であった大内氏を批判した、山本勘助の次のような言葉を伝える。

大内氏の家臣たちも詩を作ったり歌を詠んだりするような「華奢《きやしや》」（上品・優美・華麗などの意）・風流なことばかりに熱心となり、武士としてはすべて邪道に陥っていた。大内殿自身もあまりに物知りすぎて、陰陽五行説に基づく判断に凝ったり、法を作りすぎたりした。そして、華奢で行儀の良い者ばかり優遇したために武士たちの反感を買い、ついに滅ぼされたのである。（本篇巻九――要約）

もっとも、この言葉に対して武田信玄は、大内の滅亡は学問好きだったためでもないと反論したとあるし、別なところでは、信玄の、「武士というものは、華奢と武力を兼ね備えているのが理想である」という言葉も伝えている（本篇巻十二）。しかし、その巻十二の信玄の言葉も、「容顔美麗ばかり心がけていると、西国の大内義隆のようになってしまう」という批判に続き、そして、駿河の今川家でも、「武士道手柄の者」は数多くいたが、今川義元の弔い合戦もできずに九年も過ごし、「華奢・風流の沙汰」ばかりで、「武士道」はすたってしまったように見える――と、大内・今川を武士としてあるまじき失敗例に挙げるのである。

『甲陽軍鑑』では、武士のあるべき姿（「武士道」）は、基本的に「華奢・風流」に対置されている。大内や今川のように貴族的な志向が強すぎると、「武士道」はすたれ、家が滅びてしまうというのである。『義貞軍記』が、詩歌管絃などの「文」の道に「弓馬の道」「当道」を対置していたように、「武士道」は、公家風の上品な文化に対置されるものでもあったわけである。

なお、右の内藤修理の言葉にも見えていたが、「武士道」に類似の概念として、「男道」（おとこどう・おのこどう）がある。たとえば、「立派な大将が慈悲も深く、かつ合戦にも強くて、文武二道を両立させているのを、愚かな大将が真似ると、『物よみ坊主』のようになってしまい、家来たちは公家のような気質になり、『おのこご道』のたしなみがなくなって、武力を失ってしまう」という（本篇巻五）。「男」即ち強い者の称揚は、もちろん「女」即ち弱い者への軽蔑と対をなしている。「武」の道は、粗野で殺伐とした男臭い道として、「文」や「風流」、「公家」や「女」に対置されるわけである。

武士と和歌

ただし、『甲陽軍鑑』の信玄の言葉のなかに「武士というものは、『華奢』と武力を兼ね備えているのが理想だ」ともあったように、武士たちも実際には貴族的な美しさを全く拒否していたわけではない。武士はもともと戦闘者だが、上級武士はむしろ統治者であり、戦闘の最前線には出てこない。最前線で戦っていた武士たちも、身分が高くなれば統治者になり、戦闘者との二つの面を併せ持つことになる。統治者としては、権力の維持のために精神的権威を必要とし、また、さまざまな人々との交際を必要とするのも当然である。

和歌を例にとってみよう。武家政権たる鎌倉幕府でも、歌を詠んでいたのは『金槐和歌集』で知られる青年将軍実朝だけではない。頼朝もそれなりに歌を詠んでいたし、関東の武士のなかにも、宇都宮頼綱（蓮生）・朝業《ともなり》（信生）兄弟などをはじめとして、早くから歌人が生まれていた。鎌倉中期頃からは、宗尊《むねたか》親王を中心に、いわゆる鎌倉歌壇も形成され、北条氏からも歌人は多く生まれた。

足利政権でも、尊氏など歌を残している者は多い。先にふれた『難太平記』で、武士の立場から『太平記』を批判した今川了俊（貞世）は歌人として名高い。了俊は、応安四年（一三七一）、京都から九州へ下る道の途次、和歌六十首を交えた風雅な紀行文『道ゆきぶり』を綴っているが、この旅は、南朝が優勢だった九州を武力で従えるという困難な任務を負ったものだった。そんな旅で『道ゆきぶり』を著すのは、まさに「文武両道」である。その後も、今川家代々の当主は歌人として知られる。

どんな時代にも、文化は政治を権威づけるために必要であり、統治者は文化に関わらざるを得ない。文化や芸術の公共性を理解せず、個人的な趣味の領域に押し込めようとする人が増えた現代でさえ、文化行政のない政治はあり得ず、無教養な政治家は軽蔑される。

まして、中世には「文」が未だ優位を保っており、そのなかでも和歌は代表的な位置にあった。

また、中世には、和歌は現実的なコミュニケーション・ツールとしての位置を保っていた。それは恋の歌などだけの問題ではない。たとえば、観応二年（一三五一）の「松尾社奉納神祇和歌」は、足利尊氏をはじめとする十一名の和歌を連ねたものだが、それは将軍と馬廻衆（親衛隊的な武士たち）のつながりを確認し、神前に報ずる催しであったと指摘されている（小川剛生）。武士の間の紐帯《ちゅうたい》を強めるような場合にも、和歌が役に立っているのである。

戦国大名の多くが連歌をたしなんだことも著明であり、連歌がさまざまな人々との社交の道具たり得たことはわかりやすい。先に引いた『甲陽軍鑑』の信玄の言葉では、大内氏が文弱の代表のように批判されていたが、大内氏の地盤を引き継いだ毛利氏も、毛利元就《もとなり》は厳島《いつくしま》に万句連歌を奉納し、その孫の輝元も毛利千句（厳島千句）を主催するなど、連歌には熱心であった。

「文」への対抗としての「武」

現実の上級武士には、このように「文」への志向を持つ者も少なくなかったわけだが、だからこそ、戦闘者としての武士らしさにこだわる武士たちにとっては、「文」に対置される「武」こそが自分たちのアイデンティティとなったとも言えよう。現実の戦場で自ら武器を取って戦う者たちにしてみれば、戦闘こそが武士らしさの原点であり、そこに基礎を置かない教えは、どんなに立派な内容であっても、自分たちとは疎遠なものに見えたに違いない。「『文』などというものがなくても俺たちは生きていける」、あるいは「戦を勝ち抜くには『文』などというものはいらない」と言いたげな様子が、『義貞軍記』や『甲陽軍鑑』からは窺えるのではないか。

つまり、「文」的要素の混入しない純粋な「武」を求める感覚から理念的に抽出されたのが、『義貞軍記』の「当道」や『甲陽軍鑑』の「武士道」なのである。それらは現実に存在する「武士」というものの最大公約数ではなく、武士の戦闘者としての側面のみを拡大した像、あるいはそうした要素のみを抽出し、凝縮したエッセンスとしての「道」であったといえよう。「文」を排除しようとする、そうした「武」の精神の追求は、日本的な反知性主義の一つの源流となったように思われる（三章3節参照）。

「文」への対抗としての「武」の主張は、やがて、和歌や連歌を禁ずる大名を生み出す。『清正記《きよまさき》』によれば、加藤清正は七箇条の教訓（「加藤清正掟書」）を残した。その第七条「学文之事」には、次のように記される。

胸に入りやすい兵書を読み、忠孝の心がけをもっぱら身につけるべきである。詩や連歌、和歌を読むことは禁止する。心が「きゃしゃ風流」になる弱々しいことを考えていると、いかにも女のようになってしまうものである。武士の家に生まれた以上は、太刀・刀を取って死ぬのがあるべき姿である。常々武士道を心がけねば、いさぎよい死はしにくいものである。

「きゃしゃ風流」な、「女」のような者、つまりは公家のような者になることを避けるために、詩歌を禁じた清正の家訓は、風雅な敦盛に比べて自分たち東国武士は野蛮だと泣いた熊谷直実とは対極の位置にあるといえよう。それは、和歌史の側からは、「つねに権力者とともにあった和歌が、中世の終焉《しゅうえん》とともに一つの役目を終えたことを示している」（小川剛生）と評される。本書のような視点から見れば、「文」に対抗する「武」の側に身を置く『義貞軍記』『甲陽軍鑑』的な精神の持ち主がその精神のまま統治者となったことを示すとも言えるだろう。そして、国家権力を握る者たちをも、そうした精神が濃厚に支配する時代に、文を排する「武」の精神は、一部の武士の自意識から、国家全体の自意識へと成長してゆく。それを象徴する文言が、豊臣秀吉の文書に見られるのだが、それについては章を改めて述べることとしよう。

第三章　「武国」意識の成立と展開

1　秀吉の「武国」意識と朝鮮出兵

日本弓箭きびしき国

天正二十年（文禄元年。一五九二）、かねて「唐入り《からいり》」の準備を進めていた豊臣秀吉は、朝鮮半島に大軍を送り込んだ。いわゆる文禄・慶長の役の始まりである。韓国では壬辰《じんしん》・丁酉《ていゆう》の倭乱と呼ぶ。現代では「朝鮮出兵」「朝鮮侵略」などの言葉で理解されているが、秀吉の目的は、「唐入り」即ち明《みん》（中国）の征服であった。朝鮮に対しては、「征明嚮導《せいみんきょうどう》」つまり明に攻め込むために日本の軍勢を案内せよ、あるいは「仮途入明《かとにゅうみん》」（仮道入明）つまり明に至る道を貸せ、という申し入れをしていた。もちろん、さからえば攻め滅ぼすというものである。当然ながら朝鮮は耳を貸さず、秀吉は公称で約十六万に及ぶ大軍を編成して朝鮮に攻め込んだ。

四月に釜山《プサン》に上陸した日本の軍勢は、五月には首都の漢城《ソウル》を陥れ、六月から七月には小西行長が平壌《ピョンヤン》に入り、加藤清正は東北部の咸鏡道《ハムギョンド》を進んで二人の王子を捕らえ、さらに北のオランカイへ攻め込むといった調子で、破竹の進撃を続けた。秀吉自身も今にも渡海するかと思われたが、天候の問題や李舜臣《イスンシン》率いる朝鮮水軍の反撃もあって、渡海を延期した。そこで、自身が渡海する代わりに、石田三成・増田長盛らの奉行衆に、朝鮮半島で戦う諸将に宛てた書状を託した。そのうち、毛利輝元宛の六月三日付「豊臣秀吉朱印状」が、「毛利家文書」として二通残る（同文書の九〇三・九〇四）。その一通（九〇三）で、秀吉は次のように述べている。

みなも知ってのとおり、私がまだ身分の低い武将だった頃は、五百騎とか千騎などというようなごくわずかな軍勢を率いて大軍を打ち破ったものだ。そうして日本中を攻め伏せ、精鋭の兵も勇猛な将も、皆命令に従うようになった。それに比べれば、お前たちは、数十万の大軍を率いて、処女のような大明国を征伐するのだから、大きな山が卵を押しつぶすようなもので、全く楽なものだ。大明国どころか、天竺だろうが南蛮だろうが、簡単に征服できるだろう。

また、もう一通の書状（九〇四）では、宗義智《そうよしとし》をはじめとする渡海した武将たちの合計十三万人の名簿に添え書きして、次のように言う。

日本のように「弓箭きびしき国」（武力の強い国）でさえ、五百騎や千騎といったわずかな軍勢で、今のようにすべて征服することができたのだ。お前たちは、大軍勢で大明国のような「長袖国《ちょうしゅうこく》」（お公家さんの国）を攻めるのだから、何の心配もないだろう。

「俺の若い頃は小勢で厳しい戦いを勝ち抜いたもんだ、それに比べりゃお前たちのやってることなんか甘っちょろいもんだぜ」という秀吉の口ぶりは、今でも中高年の上司が若い部下に言いそうなものである。この書状は、「我々が負けるわけはない、敵を一気に攻めつぶせ」という激励なので、日本の強さ・明の弱さを本当にここまで確信していたのかどうか、いくぶん割り引いてとらえるべきなのかもしれない。だが、問題は日本を「弓箭きびしき国」、明（中国）を「長袖国」（お公家さんの国）と位置づける認識のあり方である。このような認識はどのようにして成立したのか、考えてみたい。

秀吉の武国認識

「弓箭きびしき国」という言葉を考える時に、まず確認しておくべきは、表現としては、二章1節で見た『松浦宮物語』『宇治拾遺物語』以来の弓矢比較論、日本の弓矢の大きさを誇る言説の系譜を継いでいることである。もちろん、秀吉の場合、具体的な武器としての「弓箭」を意識しているわけではない。朝鮮半島で威力を発揮したのは、日本の軍勢が数多く持っていた精巧な鉄砲（小銃）であった。つまり、「弓箭きびしき国」とは、「武力にすぐれた国」の比喩的な表現であるわけだが、とはいえ、日本の「弓箭」の優位の表現は、おそらくは素朴な実感を起源として、鎌倉初期から繰り返されてきたものであった。

秀吉の言葉も、この時代に突然出てきたわけではなく、そうした表現の延長上にとらえることが可能であろう。

しかし同時に確認しておくべきは、一章3節で見た東巌慧安が、武士・武力を単なる道具として、上からの視線で、しかも批判的に見ていたことや、二章1節で見た『聖徳太子憲法玄恵注』が、「夷」の文字を「大」と「弓」に分解してこじつけていたのとは異なり、秀吉の言葉は、武士自身の側からの誇らしげな実感に支えられた言葉だということである。秀吉が実際に小身から出発し、自ら武器を取って戦場を駆けめぐり、数知れない戦いを勝ち抜いてのしあがってきたことはいうまでもない。その言葉は、五百騎・千騎といった小勢での戦いから始めて、全国の有力な諸大名をすべて従わせてきた経験に基づく自信に支えられている。そして、その自信が日本の「弓箭」の優位という認識に結びついているといってよかろう。「弓箭きびしき国」にこめられた誇り高い自国意識は、秀吉自身の自意識と重ね合わせられているわけである。

一方、明を「処女の如き」国、「長袖国」と表現するのは、もちろん武力の弱い国という意味だが、「長袖」とは貴族、公家をあざけって言う言葉である。明（中国）が弱いというだけならばともかく、それを「長袖国」と表現したのはなぜだろうか。秀吉が中国の歴史に対して深い知識を持っていたとは思えない。〈力強い武士の国＝日本〉に対する

〈弱々しいお公家さんの国＝明（中国）〉という構図は、中国の歴史に対する知識とはいささか異なるところから形成されたのではないだろうか。

「武」の日本、「文」の中国

朝尾直弘は、この秀吉の表現について、次のように述べている。

足利幕府は武家の権力であったが、中世国家としてとらえた場合、どこまで武家の編成原理が貫徹していたか。むしろ、公家＝荘園制的原理を止揚しえなかったとみられている。とすれば、中世国家を解体させた織豊武士団の自信は、背後にあってこの国家を権威づけてきた、そしていまや衰退過程にあって、東アジアの動乱に有効に対処できない明帝国に対しても向けられざるをえない。それは明確な対外認識というものではなく、国内の政治闘争の視点を国際関係の把握にオーバーラップしたところに成立している。

つまり、公家的な性格を残していた足利政権に代わり、武士としての実力によって天下を取り、新たな支配体制を作り出した信長や秀吉の政権は、公家的なものと自分たち武士を対置し、その図式の延長上に、〈衰えてゆく公家的な権威＝明〉対〈勃興する武士的な実力＝日本〉というような図式を考えたというのである。朝尾はまた、こうした意識を、織田信長以降の「武威」による統治（農に対する兵の支配）の実現によって生まれた、武家領主の意識であるとも指摘する。説得力に満ちた指摘である。

だが、信長や秀吉などのような意識は、この時期に突然生まれたのだろうか。公家に対置される武士の自意識のあり方に、前代から受け継いだものはなかったのか。本書は、既に二章において、武士の自意識の成長について考えてきた。とりわけ3節では、一五世紀前半に成立した『義貞軍記』で、公家に対抗する武士の自意識が強烈に表現されていることを見てきた。その視点から見れば、衰えゆく公家の権威に対して実力に満ちた武士の自信を対置する構図は、『義貞軍記』的な枠組みを継承したものと位置づけることができるだろう。そして、〈弓箭きびしき国＝日本〉を〈長袖国＝明〉と対置する思考もまた、『義貞軍記』的な思考の末裔《まつえい》ととらえることができよう。それは、「華奢」「風流」を「武士道」に対置した『甲陽軍鑑』と同類の思考法であるともいえるだろうし、秀吉の忠実な家臣であった加藤清正が家中に詩歌を禁じた価値観にも通じるものであるといえよう。

『義貞軍記』においては、「武」に対立する「文」とは国内の朝廷・公家、そして詩歌管絃の道であったが、秀吉の思考の中では、その「文」が中国に投射されている。公家的なるものに対抗する武士の自意識は、足利政権を解体してそれに取って代わる過程でさらに肥大化し、朝鮮出兵の段階では、対立の構図は階級レベルから国家レベルに転化して、

〈武士の我が国〉対〈公家の敵国〉という構図を生み出したわけであろう。朝鮮出兵が、実際には明の領土に攻め込むこともなく無残な失敗に終わったことは周知のとおりだが、秀吉の脳裏には、「弓箭きびしき国」日本の軍勢が「長袖国」を蹂躙《じゅうりん》する幻影が幾度となく映し出されていたものと思われる。

吉野甚五左衛門の自国認識

ともあれ、秀吉において、公家的（貴族的）なるものの対立項としての「武」を自国の特色とし、誇りとする自意識が成立していたことは確かである。そしてそれは秀吉個人の問題ではない。

たとえば、『吉野甚五左衛門覚書』（『吉野日記』とも）という書物がある。作者の吉野甚五左衛門について詳しいことはわかっていないが、平戸の大名であった松浦法印宗静《そうせい》の家臣であったと見られる。松浦法印は、文禄の役に小西行長軍の配下に属して朝鮮半島に出征したので、甚五左衛門もその軍勢の一員として軍役に参加したのだろう。短い作品だが、その文章には、現地で戦争を体験した者ならではのリアリティがある。

同書は冒頭で、次のように述べている。

古くから写し置かれた「世界の絵図」を見ると、中国は四百余州、インドは十六の大国から成っている。その他にも南蛮や高麗など多くの国があり、その境には大河が流れている。そのなかで、日本は東海をはるかに隔てた、小さな島に過ぎない。大国に比べれば、九牛の一毛のようなものだが、日本は神国なので、「神道猛勇の気」があり、「人の心の武きこと」は、三国でも随一である。

小西行長、釜山を攻略（『絵本太閤記』、国会図書館蔵）

甚五左衛門が見た「世界の絵図」がどのようなものだったかはわからないが、ヨーロッパからもたらされた世界地図ではなく、伝統的な「三国」（インド・中国・日本）を中心とした地図だったようである。そのなかで日本は東海はるか沖の小島で、大国に比べれば九牛の一毛だという認識は、本書一章で見たような粟散辺土意識をそのまま引きずっている。そして、小国ではあるが神国だというのも、一章2節で見たような古代以来の伝統的な意識である。だが、神国だから「神道猛勇の気」があるという論理は古代には見られなかったものである。古代以来の神国意識と、中世に発達した、日本の武士が勇猛であるという意識とが結びついているのである。神国意識と武国意識が結びついていること、そしてそうした意識が、さほど身分の高いとは思われない、今となっては素姓も知れない武士に見られることに注意しておきたいわけである。

同書はその後、そうした神国ゆえの強さによって神功皇后が朝鮮半島を従えたと述べる。これも一章1節に見たとおり、古代から語られ続けてきた説話を、現実の朝鮮出兵に際して引き出したわけだが、しかし、同書は次のようにも述べる。

これ（神功皇后説話）は上代の先例である。今は末世末代に及んでおり、外国に攻め込んで戦うことは、蟷螂《とうろう》の斧ではないかと思われた。

自分たちの朝鮮半島への出征の先例として神功皇后説話を引いたはずなのだが、末代の今ではそううまくいかないのではないかと、弱気も見せているわけである。強気なのか弱気なのか、よくわからない記述である。

吉野甚五左衛門と文禄の役

『吉野甚五左衛門覚書』は、短い文章の中に、勇ましい記述と、戦いの苦しみや侵略への懐疑を示すような記述とが入り交じった、なかなか不思議な作品である。

右の記述に続いて、釜山に上陸した日本勢が、たちまち敵の城を突き崩して町中に攻め込んだ様子を描く。早朝に攻撃を開始して昼までに攻め落とし、敵は逃げて家の間や床下に隠れた。隠れ場所もない者は手を合わせてひざまずき、聞いたこともない異国の言葉で何か言っている。「助けてくれ」と言っているのだろう、という場面になる。読みやすい文章なので、仮名を漢字に置き換える程度で、少し原文を引用してみよう。

それをも味方聞きつけず、斬りつけ打ち捨て踏み殺し、これを軍神《いくさがみ》の血祭りと、女男も犬猫も、皆斬り捨てて、斬り首は三万ほどとぞ見えにけり。

「助けてくれ」と言っているのを聞きもせず、味方は片端から殺戮《さつりく》し、血祭りに上げる。そのさまは、地獄の亡者が獄卒の責めを受けておめき叫ぶのも、こんなものかと思うほどだったという。

それは冥途の物語。今現在に見ることは、我こそ鬼にて恐ろしや。思へばいとど武士《もののふ》の勇みはいよよまさりけり。

地獄の話は遠い冥途の物語だが、今、自分たちは目の前で残虐な振る舞いをしている、それを「我こそ鬼にて恐ろしや」と語るかと思えば、それによって「武士の勇み」がいよいよまさるともいう。矛盾しているようだが、実戦の心理とはそんなものなのだろうか。その後の合戦でも、両親を討たれた十歳にもならない童子や、子を討たれた腰も立たない老人が這い回っているさまは目も当てられないばかりであったと描いたのに続けて、「勝ちどきあげて日本衆は、いよいよきほひまさりけり（気勢が上がった）」などと記している。

しかし、最初のうちは勢いがよかった日本勢も、やがて苦戦に陥る。一度は占領した土地も、言語や文化の相違をふまえた統治政策などは十分に準備していなかったため、統治はうまくいかない。朝鮮の義兵の抵抗が強まり、李舜臣らの水軍の活躍で輸送も滞った上、明の大軍が到着して、文禄二年（一五九三）一月には、小西軍は平壌からの撤退を余儀なくされる。その撤退はみじめなものだった。

怪我人や病人は捨て置かれ、疲労から道に這い伏す人もあった。一日歩いて城にたどり着き、味方がいると思って入ってみれば、そこにいた味方は先に逃げてしまっている。力なく身も疲れ、親を討たれた者もあれば兄を討たれた者もある。春の初めだが、寒い国なのでひたすら寒く、氷も厚く雪も深い。手足は雪にやけ腫《は》れて、無事なのは鎧の下の部分のみである。美しかった人も山田のかかしのように衰えて、その人とも見えないさまになってしまった。

その後も飢えに苦しめられ、ようやく休戦が決まった時は皆が喜んだ。こうして、甚五左衛門は文禄二年四月末に帰国の途に立ち、帰りの船中でこの書を記したのだという。吉野甚五左衛門の体験記は、このように、当初の勝ち戦とその後の負け戦、そして戦闘の勇ましさとむごたらしさ、名誉と悲惨の双方を抱えこんだものである。

慶長の役と『朝鮮日々記』

吉野甚五左衛門の帰国後、休戦状態には入ったものの、戦いは終わらなかった。出兵の失敗は明らかで、和平交渉が進められたが、秀吉は明と朝鮮が降伏ないし謝罪する形での和平しか認めようとしなかった。しかし、実際には日本は敗勢にあるのだから、そのような和平が成り立つわけもない。文禄二年（一五九三）秋から同五年（慶長元年）にかけて、休戦状態の中で延々と和平交渉が続くのだが、和平はついに成立せず、慶長二年（一五九七）、秀吉は再派兵を決行する。慶長の役である。しかし今度は、局地的な勝利はあったものの、文禄の役当初のような快進撃には至らず、日本の軍勢は各地を荒らし回った後、沿岸地域に城を築いて立てこもるばかりとなる。猛将加藤清正も、蔚山《ウルサン》城で敵に包囲され、飢えと寒さに苦しめられながら城を守るのが精一杯であった。

文禄の役のみで帰国した吉野甚五左衛門に対して、慶長の役のみに従軍して『朝鮮日々記』を残したのが、浄土真宗の僧・慶念である。慶念は当時六十二歳、既に老齢の身であったが、豊後国（大分県）の大名・太田一吉の医僧として、慶長二年六月に出発し、朝鮮に渡った。慶念は、現地で日本の軍兵が争って物を取り人を殺し、奪い合う「なかなか目も当てられぬ」様子を見ては「とがもなき人の財宝とらんとて雲霞のごとく立ち騒ぐてい」と詠み、野も山も焼き払い、人々を殺害し、首かせをつけて捕虜を連行する様子を見ては「野も山も焼きたてに呼ぶ武者の声さながら修羅のちまたなりけり」と詠んでいる。

このように、ことあるごとに素朴な和歌を挿むのが『朝鮮日々記』の特色である。その後、日本勢の苦戦は続き、慶念は「どれほどの大名でも、この『高麗の陣』ほど苦しそうな戦いはない」と述べ、自分自身の心も「思うかいなき世なりけり恨めしやいつまでここにあらんものかは」と、帰国への願望を吐露している。

『朝鮮日々記』によれば、慶長二年十一月中旬には、慶念の主君太田一吉は、加藤清正のもとで蔚山の築城にあたった。蔚山は慶尚南道、朝鮮半島の東南岸である。朝鮮半島の広域支配は既にあきらめていたようだが、海岸に何とか拠点を確保しようとしたのであろう。日本勢は配下の者たちを総動員し、突貫工事で城を築いた。日本から連れてこられた農民などは、昼夜兼行で材木を集め石を引いた。油断すれば指揮官に殴られ、あるいは敵兵に首を斬られることもあった。過ちがあれば牢に入れられ、首かせをはめられ、焼金をあてられ、首を斬ってさらされることさえある、苛酷な強制労働であった。慶念はその酷使ぶりを「さしもげに夜白《やはく》きらわず仕えつつ打ちさいなむは鬼神《おにがみ》かそも」と詠み、その苛酷な責めを地獄や閻魔王宮にたとえている。

しかし、そうまでして築いた蔚山城は、敵の大軍に取り囲まれ、繰り返し猛攻をかけられた。主君の太田一吉は負傷し、慶念自身も何度も死を覚悟している。しかも、城兵を苦しめたのは敵兵だけではない。飢えと渇き、寒さも深刻であった。慶念は、「この城の難儀は三つにきわまれり寒さひだるさ水の飲みたさ」（「ひだるさ」は飢え、ひもじさ）と詠み、また、「故郷を思い捨てたり今ははやただ一

蔚山城の飢渇（『絵本太閤記』、国会図書館蔵）

筋に急ぐ往生」などと詠んでいる。

だが、蔚山城の日本勢は、慶長二年年末から翌三年年始にかけての戦いで、何とか敵を撃退する。非戦闘員である慶念は、その機会に帰国を許された。それまでにも何度も撤退の噂が流れ、慶念はその都度ぬか喜びしていたが、今回もなかなか本決まりにはならず、やきもきさせられている。ようやく帰国が本決まりになった時には、「うれしさを何にたとへんかたもなし帰朝の風のそよと吹く音」などと詠み、仏の加護に感謝しつつ帰路についたのである。

朝鮮出兵の終わりと語りの始まり

帰国を切望していたのは他の将兵も同様だっただろう。だが、慶念の帰国後も、日本勢全体の帰国はなかなかかなわなかった。現地の将兵は撤退を望み、せめて戦線の縮小を図ろうとしたが、秀吉は戦線縮小さえ許さなかったのである。泗川《サチョン》の島津義弘、順天《スンチョン》の小西行長、蔚山《ウルサン》の加藤清正は、何とか城を守り抜いたが、結局、慶長三年（一五九八）八月、秀吉の死によって朝鮮出兵は終わり、将兵はようやく帰国することになる。

秀吉の出兵は膨大な犠牲者を生んだばかりで、何の成果も得られなかった。朝鮮の活字を略奪し、あるいは陶工を連行してきたことなどにより、日本文化が豊かになったというような副産物は別として、本来の目的は何も果たせず、大失敗であったというのは、現在では定着した評価といえよう。秀吉の老いによる錯乱といった評価さえ見かける。しかしながら、秀吉の出兵が江戸時代にどう語られたかを見てゆくと、多くの場合、それが失敗として語られていないことに気づく。吉野甚五左衛門や慶念が実際に従軍した体験に基づいて書き残したような苦渋はぬぐい去られ、日本が外国に「武威」を見せつけた事件として語られ、記憶されていくのである。

たとえば、『征韓録』という書物がある。寛文十一年（一六七一）に記された跋文（あとがき）によれば、島津義弘の曾孫綱久が、家老で図書頭《ずしょのかみ》だった島津久通に、「吾が先祖が朝鮮征伐に従って武威を異国に振るい、功業を立てた名誉は知らぬ者がない。ところが、それをきちんとまとめた記録がない。名誉を遠い将来に伝える文が必要である」と命じて、作られたものだという。この書の中では、「朝鮮征伐」は島津氏が異国で「武威」をあらわした名誉ある歴史としてとらえられているわけである。

『征韓録』全六巻の中には、多くの合戦における島津氏の活躍や、虎狩りなどの逸話が盛り込まれている。なかでも注目すべきは巻五の「慶長三年十月朔日泗川合戦之事」及びそれに続く「怪異之事」だろう。慶長の役の末期、秀吉が亡くなって撤退する寸前だった島津義弘が泗川《サチヨン》の城を守り、明・朝鮮の大軍をしばらく撃退した合戦の記事である。この合戦は、城を囲んでいた明・朝鮮軍が、大量の火薬の爆発事故のために大混乱に陥り、それに乗じた島津勢が多くの敵を討ち取り、遠くまで追い払ったというものだったようだが、『征韓録』は「怪異之事」の中で、合戦の初めに一匹の白狐が出現して敵中に駆け入り、義弘父子が合掌して祈念していると、続いて二匹の赤狐が敵中に駆け入り、それを見て島津勢が勢いづいて敵中に攻め込み、勝利を収めたのだと記す。

鈴木彰によれば、実際には白糸縅《おどし》・赤糸縅の鎧の武者が先頭を切って敵陣に攻め込んだのが、このように語り伝えられたのだろうと推測されるようだが、この奇瑞《きずい》は史実として喧伝《けんでん》され、語り伝えられてゆく。島津家が稲荷神の使いである狐に守護されているという伝承は、島津氏の始祖である忠久が、狐に守られて生まれたという伝承とも結びつき、島津氏の正史となってゆくのである（近世の島津氏が語った伝承では、忠久は頼朝の子であり、頼朝の子を身ごもった比企氏の丹後局《たんごのつぼね》が北条政子の嫉妬を恐れてさまよい、狐火に照らされながら生んだのが忠久であったとする）。虚構が虚構と結びつき、島津の由緒と「武威」を語る神話的な伝承としてふくれあがってゆくさまが興味深い。

この時代の合戦は『平家物語』の時代とは全く異なる大規模な組織戦だったが、戦功が個別の家の名誉として語られた点は、かつて個人の名誉を競って戦功が語られた時代と似た面もある。武士たちは、日本軍全体というよりも個別の家を単位に合戦をとらえ、功名を誇り、語り伝えた。泗川の合戦は、戦争全体から見れば、朝鮮半島南岸の城を守り、全滅を免れて、無事に撤退するための条件を整えたというだけの意味しか持っていない。後退戦の一コマに過ぎないものである。しかし、その局地的な勝利に注目し、神秘的な伝承がまつわることによって、島津氏の誇る歴史の重要な要素ができあがる。こうした「歴史」があちこちに生まれ、語り継がれて、全体としては日本の「武威」を誇る「歴史」が創られてゆく——朝鮮出兵の記憶が形成されてゆく一面は、そのようにとらえられる。

朝鮮出兵の美化

では、朝鮮出兵全体を見渡す書物ではどうだったのか。その早いものとしては、寛永二年（一六二五）の自序を有する小瀬甫庵《おぜほあん》の『太閤記』が知られている（なお、『太閤記』には『○○太閤記』『太閤××記』などと呼ばれる種々の書があるが、単に「太閤記」といえば、現在一般に小瀬甫庵のものを指す）。

『太閤記』は、朝鮮出兵に対して必ずしも肯定的ではない。巻七「金賦之事《かねくばり》」では、秀吉は大伽藍を多く造ったり朝鮮に出兵して人々を苦しめることに多額の金銀を使ってしまったが、それよりは国内の交通整備などに使う方がよかったという批判も見える。だが、『太閤記』の叙述には、文禄の役において晋州《ジンジュ》城・巨済《コジェ》島・蔚山城・碧蹄館《ビヨクチエグアン》などで日本軍が局地的な勝利を挙げたことを強調し、敗北を覆い隠す姿勢が指摘されている（阿部一彦・柳沢昌紀・金時徳）。そして、文禄の役の後、和平がめでたく成立し、日本が成果を収めたかのような書きぶりで、慶長の役にはふれずに終わってしまうのである（これは同書が秀吉の死まで書かないことにも関わっているだろうが）。

甫庵の場合、朝鮮出兵の失敗を理解していないわけではないが、秀吉の、あるいは日本の武威は決して否定せず、失敗という総括はしないのである。『太閤記』には、「ある人曰く」としてではあるが、「異朝は文国、日本は武国」（巻二十一）という表現が見える。「武国」という言葉の例としては比較的早いものだろう。そうした認識のもとでは、「武国」である日本が「文国」である明に敗れるというようなことはあり得ないことだったのかもしれない。

朝鮮出兵は、その後、さらに美化されてゆく。先に見た『征韓録』（一六七一年成立）は、『太閤記』よりも半世紀ほど後の作品だが、当時の学問（儒学）を代表する存在だった林鵞峰が序を寄せている。その序文の冒頭は、「昔神功皇后の新羅を征してより以来、高麗・百済とともに悉《ことごと》く我が朝に臣従す」と、神功皇后説話から始まる。一章1節で見た神功皇后説話がここにも見えるわけで、林鵞峰は秀吉の朝鮮出兵を神功皇后以来の偉業ととらえているわけである。

そのようなとらえ方は、同時代の山鹿素行『配所残筆』（一六七五年成立）にも見られる。同書は、「三韓を征服して日本に貢《みつ》ぎ物を献上させ、高麗を攻めてその都を陥れ、武威を世界に輝かしたことは、上代から近代まで同じである」と述べているが、「上代」とは神功皇后、「近代」とは秀吉の例を指すとしか考えられない。このように、一七世紀後半には、朝鮮出兵は日本の「武威」を輝かした英雄的偉業とされた。神功皇后説話は、その先例として常に引かれるわけだが、『吉野甚五左衛門覚書』についても見たように、この時代には、この説話に伴う「神国」意識が「武国」意識と結びついている点、古代とは異なっていることに注意しておくべきだろう。

批判と反批判

もっとも、朝鮮出兵が常に全面肯定されたわけではない。金時徳などが指摘するように、朝鮮出兵に関しては、中国や朝鮮の書物が日本に輸入され、知識人が文禄・慶長の役の詳細を知るために利用されていた。そのなかで、朝鮮の柳成竜《リユソンヨン》の『懲毖録《ちようひろく》』は、日本でも元禄八年（一六九五）に刊行された（『朝鮮懲毖録』とも）。そこでは貝原益軒が序文を寄せ、次のように述べている。

戦争を起こす理由には、正義の戦いである義兵、自国を守るための応兵、恨みや怒りによる忿兵《ふんぺい》、他人の国郡を奪おうとする利欲による貪兵《とんぺい》、敵に武威を見せつけようとする驕兵《きょうへい》の五種類がある。君子は義兵と応兵を用いることがあるが、他の三種は用いない。秀吉の朝鮮出兵は貪兵というべきであり、驕兵や忿兵も兼ねている。義兵とはいえない。やむを得ない理由があるわけでもないのに戦を起こすのは、戦を好む者であり、これは天道の憎むところである。豊臣が滅びた理由もそこにあるのだ。

論理の筋道が通っており、現代人の目には、これがまっとうな評価であると映る。ただし、その益軒も朝鮮における黒田氏の活躍は賞賛する。益軒は黒田家に仕えた福岡藩士であり、右の文は多少やわらげられて『黒田家譜』（宝永本）の草稿にも取り入れられた。個別の家の名誉は、やはり否定できないのである。

そして、益軒のこのような批判に対して、約百年後の竹内確斎『絵本太閤記』は、強く反発した。

昨今の俗小人が、みだりに秀吉公を誹謗し、朝鮮出兵を貪兵だの驕兵だのと非難するのはけしからん。文筆を業とする腐儒、燕雀のような小鳥の心で、どうして鴻鵠《こうこく》（コウノトリなどの大きな鳥）のような英雄の大志が理解できようか（七篇「附言」）。

儒教道徳に基づく益軒の批判に対して、「燕雀いずくんぞ鴻鵠の志を知らんや」（小人物は大人物の大志をさとることができない）という諺《ことわざ》を用いて反論したものである。秀吉を英雄とする前提に立って益軒を小人と罵倒するだけで、道徳論としては何の反論にもなっていないが、心情的にはこちらに共感した日本人も多かったのではないか。

『絵本太閤記』は寛政九年（一七九七）から享和二年（一八〇二）にかけて刊行された読本《よみほん》で、人気を博した。同書に基づく喜多川歌麿の錦絵が、実在事件を描くことを禁じた禁令にふれ、一時は絶版とされたが、安政六年（一八五九）には再版され、近代にも翻刻されて、通算すれば非常に多くの読者を得ている。同書は六篇巻二で、秀吉の侵攻の目的を「大軍を起こし、大明国に攻め入って、日本の武威を異国にも輝かそうとした」と描いている。益軒のような理性的な批判もあったわけだが、「武威」を輝かした壮挙というとらえ方は、近世日本人に広く一般化し、「武国」の自意識に大きな影響を与えていったようである。

近松門左衛門「本朝三国志」

文禄・慶長の役を扱った江戸時代の書物は多く、「朝鮮軍記物」と総称される。朝鮮出兵が日本でどうとらえられていったかという問題では、そのなかでも、右に見た『絵本太閤記』や、『絵本朝鮮軍記』など、広い読者層を持った絵入りの読本が重要であろう。たとえば、それらの中で加藤清正が英雄化されていったことなどは注意せねばならない問題である。清正は朝鮮では最も憎まれた武将だが、日本では虎退治などの逸話もあって広く親しまれている。だが、日本の一般民衆に与えた影響という意味では、そうした書物もさることながら、浄瑠璃や歌舞伎のような芸能について見ておく必要があろう。

近松門左衛門の浄瑠璃「本朝三国志」は、織田信長・明智光秀・豊臣秀吉の三代を描いた作品で、享保四年（一七一九）大坂竹本座初演。太閤記物の浄瑠璃が、これ以後多く作られるきっかけを作った作品とされる。後半が秀吉に関わる物語だが、江戸時代の作品の常で、実名は使わず、秀吉は「真柴久吉」、加藤清正は「加藤虎之助正清」、小西行長は「小西弥十郎」とされる。しかし、わかりにくいので実名を用いて荒筋を述べよう。

秀吉は「神功皇后三韓退治」にならって朝鮮出兵を思い立つ。そこで必要となった「三韓の地理帝都の絵図」と遊女小磯をめぐって加藤清正と小西行長の争いとなるが、清正が秀吉に絵図を献上し、町人出身の行長を朝鮮攻略の武将に推挙して、清正・行長は共に朝鮮へ赴き、勝利を収めて凱旋《がいせん》する。そこで、異国の合戦を浄瑠璃に作らせ、秀吉の前で上演する。その劇中劇が「男神功皇后」である。「男神功皇后」では、朝鮮の大将「牧司判《もくそはん》官《ぎやん》」が八角の鉄棒を振り回して襲いかかるが、行長はそれを投げ飛ばし、清正は「遼東大王」を生け捕って、服従を誓わせる。そして清正らは「高麗人」の首や耳を片端から切り、最後に清正と行長が牧司の両足を引っ張ると、牧司の体は二つに裂け、そのさまは「うなぎを割くより易《やす》かりけり」という。

「牧司判官」のモデルは、文禄の役で日本軍と熾烈な戦いを展開した晋州《ジンジュ》城の将、晋州牧司《モクサ》金時敏《キムシミン》であろう（「牧司」は朝鮮の地方官の官名）。また、清正らが敵の耳を切っているのは、朝鮮出兵で日本軍が敵から奪った耳や鼻の数量を、戦功を評価する一つの尺度としたため、朝鮮の人々の耳や鼻を、軍・民を問わず大量に削《そ》いで日本に送ったことによる（現在、京都国立博物館の近くにある耳塚はそれを埋めたものとされる。ただし実際には耳より も主に鼻を削いだものか）。そのように、この話は史実を踏まえている面もあるのだが、戦いを完全な勝利として描き、朝鮮の王が服従を誓ったなどというのは、もちろんフィクションである（王が服従を誓ったとするのは、神功皇后説話の影響があろう）。実際には清正が捕らえたのは二人の王子に過ぎず、清正も行長も最後はみじめな撤退を余儀なくされたのだが、そんなことはきれいさっぱり忘れて、「治まれる我が君の恵み有る代の民安楽、五穀豊穣万々歳、動かぬ国こそ久しけれ」と祝言で結ばれるのは、芸能の常とはいえ、現代から見れば違和感が残る。

民衆に残る記憶

しかも、興味深いのは、崔官《チエグアン》が指摘しているように、この「牧司」（もくそ）の名が、近松半二らの浄瑠璃「天竺徳兵衛郷鏡《てんじくとくべえさとのかがみ》」（一七六三年初演）にも引かれることである。天竺徳兵衛は実在人物で、江戸初期に南方貿易に従事した商人だったが、芸能の世界では天草四郎と混同され、キリシタンバテレンの妖術、特に蝦蟇《がま》を使う謀叛人とされる。外国にゆかりのある者を外敵＝悪と決めつける島国らしい感覚というべきか。

そして、「天竺徳兵衛郷鏡」では、この天竺徳兵衛の父が「朝鮮国の臣下木曾官《もくそ》」とされるのである。そこには、朝鮮の臣下・キリシタン・妖術使い・謀叛人といった負のイメージが重なる。そうした外敵のイメージを色濃く投影した悪者を、正義の味方が討ち果たすことによって、国家の安泰が保たれる。そのような認識構図によって、もはや史実を遠く離れた世界が創り出され、外敵を討つことで国家が守られる、怪物退治のような物語が展開されるわけである。

朝鮮の戦場を実際に見た日本人は出征した者たちのみであり、その他の者たちは、語られる「歴史」を聞く以外に戦争の実態を知る方法がない。だが、吉野甚五左衛門や慶念のような悲惨な体験は必ずしも伝わらず、後世には、生き残った者たちの都合に合わせて大きく変容し、美化された「歴史」のみが伝えられてゆく。これは戦争一般にありがちなことだろうが、特に侵略した側の国民のほとんどが侵略された側の悲惨な現場を見ていない侵略戦争には起きやすい事態だろう。侵略が海を隔てた遠い外国に対するものであった場合にはなおさらであり、現代にも通じる問題である。

　ともあれ、現実に起きた事件の実態と、それが記憶されてゆくあり方は異なる。現実は多くの場合、何らかの形で美化されつつ、認識の鋳型にはめられて記憶されてゆくのである。一章3節で見たように、蒙古の撃退は神威のなせるわざと記憶されたのだが、朝鮮出兵は、日本の「武威」を輝かした事件として記憶されていった。記憶の美化という点では類似する面があるとしても、その美化の方向は大きく異なる。事実を認識する鋳型が変化したためである。そこに、日本人の自意識の変化を見て取れるわけである。

2　「武国」意識の理論化

「武国」理論の登場

　ここまで見てきたように、日本人の「武」の自意識は、鎌倉時代から弓矢の大きさを誇る素朴な実感が表現されたのに始まり、秀吉や『太閤記』の時代には自国を「弓箭きびしき国」「武国」として、「長袖国」「文国」たる中国と対比する自国観が成立していた。だが、右に見てきた範囲ではそれらはほぼ感覚的な表現にとどまっていた。たとえば、『吉野甚五左衛門覚書』には「日本は神国なので、『神道猛勇の気』がある」という表現があったが、それは日本人が「武」にすぐれている理由の説得力ある説明というにはほど遠いものだったといえよう。

しかし、江戸時代には、そうした自国観が増幅され、一般化すると同時に、明確に理論化されるようになる。知識人が、日本はなぜ「武国」といえるのかを理論的に説明し、その由来について「武国」としての歴史を説くようになるのである。この点については、既に前田勉による詳細な分析があるが、本節では、前田の考察に導かれつつ、筆者なりの視点から考えてゆくこととしたい。

吉川惟足の「武国」論

現在知られている限り、その最初に挙げねばならないのは、吉川惟足《よしかわこれたり》（訓みは「きっかわ」「これたる」なども。一六一六〜九四）の言説である。

吉川惟足は、儒家神道の一派、吉川神道の創始者である。もと武士の家柄といわれるが、九歳で商家の養子になり、三十六歳で隠居してから萩原兼従《かねより》のもとで吉田神道を学んだ。晩学だったわけだが、紀州藩主徳川頼宣や会津藩主保科正之《ほしなまさゆき》などの知遇を得て、武士に多く信奉者を持つ神道家となった。初めて徳川頼宣が惟足を召見したのは、明暦三年（一六五七）のことであったという。惟足の人生の転機だったといえようが、平重道によれば、その時の問答を惟足の嗣子従長《よりなが》が整理し、和文で書き下したのが『南竜院様え視吾《あれみ》堂御返答申上候条々』であり（「南竜院」は徳川頼宣）、同様の内容は、やはり従長が父の死後にまとめた伝記『吉川視吾堂先生行状』や、編者未詳（おそらく従長か）の『視吾霊神行状抜書』にも収められている。

これらによれば、頼宣が「神道が日本古来の道であるとすれば、大昔はこの道によって国を治めたのか」と問うと、惟足はそのとおりであると答え、ただし、天下を治める神道とは呪力・験力《げんりき》のようなものではなく、「理学の神道」なのだと答える。そして、その要点は、「武義を本とし、仁恵を施す」ことにあるのだといい、それは「天瓊矛の徳《あめのぬぼこ》」なのだという。「天瓊矛」とは、『日本書紀』で、イザナキ・イザナミ両神が国生みをする前に、天浮橋から矛を差し下ろして下界を探ると、矛の先からしたたる潮が固まってオノゴロ島ができたと語られるものである。つまり、日本は矛を用いて生まれた国である。それは、日本が本来「武国」であることを表しているのだと、惟足は言うのである。

どう見てもこじつけめいた言い分である。「天瓊矛」別名「天逆鉾《あめのさかほこ》」は、江戸時代の俗世間では、むしろ陰茎の意味で用いられることの多かった言葉である。どろどろした海原を矛がかき回すという情景、しかもその後、イザナキ・イザナミがオノゴロ島に降り立って島々を生むという物語は、たとえば、川柳に「さかほこの滴《しただ》りおぎやアおぎやア也」などとあるように、男女交合の象徴と解するのも自然である。実際、それはおそらく神話学的にもまっとうな解釈であろう。

しかし、「武国」の起源を探し求めようとする者たちの目には、「天瓊矛」は、日本が「武国」であることを示す最初の根拠と映った。「天瓊矛」を「武国」の象徴とする論は江戸時代には次第に増加し、そのようにして「武国」の起源を神話の時代に求める理論は、やがて近代日本をも呪縛してゆくことになる。

「武国」史観

惟足は、頼宣に対して、次のように述べたという(『南竜院様え視吾堂御返答申上候条々』と『吉川視吾堂先生行状』から適宜要約)。

日本は国生みの時から「武」を重んじた国であり、人々は常に太刀を帯び、弓矢を持って武装しています。上代には、それによって世は平和に保たれていました。「武国」という所以《ゆえん》です。一方、異国は人の心が柔弱で、人々は剣も帯びず、音楽をもてあそび、詩歌を作り、「文」の徳のみで世を治めようとする「文国」です。ところが、「武国」である日本も、推古天皇の頃から異国の教えが盛んに行われるようになり、我が国固有の道が衰えてきました。「武」は日々にすたれ、「文」ばかりが盛んになって、詩歌管絃ばかりがもてはやされるようになってしまいました。しかしながら、徳川将軍家は武国らしさを取り戻し、天照大神の掟にもかなっています。徳川将軍家が天下を取ったのも、自然の道理なのです。

「武」によって平和が保たれていた時代とはどのようなものだろうか。『視吾霊神行状抜書』によれば、神武天皇が賊徒を征伐して天下が平安になったというのだが、それから推古天皇時代までの平和な時代というのが、具体的にどのような歴史を想定しているのかよくわからない（推古天皇の頃から衰えたというのは、異国から来た仏教を取り入れたためだと言いたいのだろうが）。

「武国」論者がこのような「歴史」を具体的に肉付けしてゆくことはこの後に見てゆくが、その実態は、「武国」という理想を原初の国家に投影した仮想の神話的黄金時代、理想郷に過ぎまい。中国の聖帝堯舜の治世、キリスト教のエデンの園をはじめ、かつて理想的な時代、楽園が存在したという考え方は、古今東西よく見られるが、それは多くの場合、現実的な歴史とは次元の違う遠い過去に自己の理想を投影した幻影に過ぎないように思われる。「武」の神話的黄金時代も同様であろう。

ともあれ、かつて存在した「武国」の理想郷は、仏教など異国の教えが伝わったことによって衰退し、世が乱れてしまったのだが、そこに徳川将軍家が現れて、本来の「武国」の面目を取り戻した――というストーリーが描き出されているわけである。

惟足の説いたこのような歴史観は、かつて、『平治物語』や『平家物語』に示されていたような歴史観とは対照的なものである。とりわけ、二章2節で見たように、延慶本『平家物語』では、大昔、人の心が純朴だった時代には世は自然に治まっていたが、時代が降るに従って世が乱れ、法が必要となり、末代には「武」が必要となったと述べていた。吉川惟足の説く歴史は、そのような歴史観と、下降史観であるという点では共通するものの、方向としては全く逆に、日本は本来「武」の国だったが、仏教など外国文化の流入によってそれがすたれ、「文」が盛んになってしまったというのである。この後も少しずつ形を変えながら盛んに説かれる「武国」史観の原型ともいえるものである。ここではそれを『武』の下降史観」と呼んでおきたい。日本は「武国」だという意識は、かくして、日本が本来「武国」であったという歴史観を創出したわけである。

吉川惟足の位置

幕府が公式の学問として採用した儒学は、礼楽、つまり「文」を基本に置くものだったが、武家政権には今ひとつしっくりしない理論である。それに対して、吉川惟足は、儒学は異国の学問であるとしてその正統性を相対化し、日本には日本の伝統があるのだとして、神話を根拠とする「武国」論を対置した。

聞き手の徳川頼宣は、徳川家康の十男、御三家の一つ紀州藩を開いた人物である。徳川政権がようやく安定し、これから体制を固めていこうとしていた時期に、惟足はその頼宣に対して、「徳川家が天下を取るのは歴史的必然です」と、徳川政権万歳と唱えるかのような理論を説いた。頼宣に気に入られたのも当然といえるだろう。惟足の「武国」史観は、武家政権にとってまことに都合のよい、体制擁護の理論だったわけである。

もっとも、惟足の理論が、徳川政権に合わせて突然出てきたわけではない。惟足が学んだ吉田神道が、卜部《うらべ》兼倶《かねとも》をはじめとして、『日本書紀』の注釈に関わっていたこと、本地垂迹説を排したナショナリズムの傾向を持つことはよく知られている。また、卜部兼倶には、軍事や兵法に対する関心も見られた。そうした伝統を継いだ惟足に、こうした言説があるのはうなずけるところであるともいえよう。

ただし、吉川惟足の理論は、異国の「文」に対抗して自国の伝統を生かそうと主張するものではあるが、一方では、中国伝来の陰陽五行説によって、日本は「木・火・土・金・水」の五行のうち、「金の気」を持った国だという論理に重要な根拠を置いている。「金の気」は人に勇気や厳しさを与えるのだといい、天瓊矛も「金気の徳」を表しているのだというのである。五行説を取り入れるのも吉田神道以来の伝統であり、吉田神道に限らず、一種の疑似科学としてこれを取り入れた者は数多いわけではあるが、実は惟足も異国の教えを適当に取り入れているのである。このあたりは融通無碍《ゆうずうむげ》というしかない。

また、惟足の論理は、「詩歌管絃の遊に勇義とろけ」などと、「詩歌管絃」を無用の遊びととらえる点では、中世の『義貞軍記』から加藤清正に至る武士たちの意識に似ているし、異国の教えを「文」として「武国」日本と対置する点では、秀吉の言説にも似ている。惟足は、単に吉川神道の伝統を継いだだけではなく、「文」に対抗して「武」を称揚する武士たちの意識を継承した、あるいはそうした意識に適合する論理を組み立てたともいえるだろう。

ともあれ、武家政権の確立と共に、外来思想を排するナショナリズムとしての「武国」論が確立したわけである。

山鹿素行の「武徳」論

だが、吉川惟足の言説は、必ずしも惟足の独創的な考えではなく、より早くから存在した論理が、比較的早い時期に文献に残されたと見るべきなのかもしれない。惟足と頼宣の対面は明暦三年（一六五七）だったが、それとほぼ同時代の寛文八年（一六六八）成立とされる山鹿素行『謫居童問《たっきょどうもん》』巻四には、次のように記される。

我が国は開闢《かいびゃく》（始まり）の時から天瓊矛を用いており、天照大神も武威の準備をなさった。それ以来、天孫も人皇も武威を用いてきたことは旧記（『日本書紀』などを指すか）に明白である。

また、同書の巻五では、

推古天皇以前は往古の神勅にまかせて、神々を尊崇して天下を治めていた。しかし、推古天皇以降は、十七条の憲法を基本として、神道・仏法を合わせて世を治めたのである。

さらに、近い時期に書かれたと見られる『謫居随筆』では、天瓊矛の神話に続けて、高皇《タカミ》産霊尊《ムスヒノミコト》が経津主神《フツヌシノカミ》・武甕槌神《タケミカヅチ》を遣わして葦原中国《あしはらのなかつくに》を征服し、天孫降臨の際には天忍日命《あまのおしひのみこと》が武装して先導した、そして神武天皇の東征など、すべて「武徳」をもってなされたのであると述べ、平和に慣れて武威が振るわないようでは我が国を経営する「遺則」にもとると主張している。

これらの記述を見れば、吉川惟足が頼宣に述べたとされる、「武」の神話的黄金時代の「歴史」にかなりよく似たことが、近い時代に山鹿素行によっても記されていることがわ

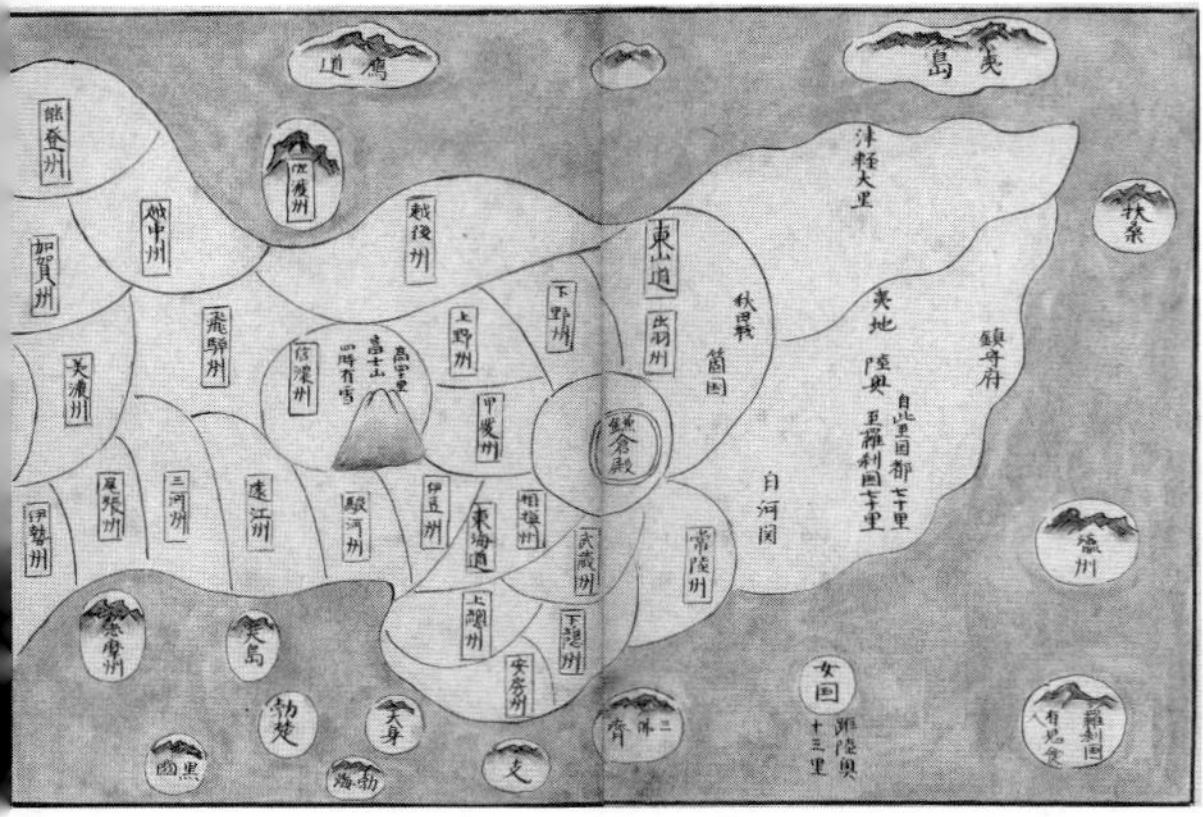

かる。これはおそらく、山鹿素行が吉川惟足の影響を受けたというわけではなく、一七世紀中後期には同じようなことを考える者が多かったと考えるべきだろう。

そして、山鹿素行が寛文九年（一六六九）に書いたと見られる『中朝事実』の「武徳章」には、次のようにある。

ある書物のいうことには、豊葦原瑞穂国《とよあしはらみずほのくに》（日本）は、大八《おおや》洲《しま》（日本列島の島々）ができる前からその名があった。名があっても形はなく、強いてその形を表現すれば天瓊矛だったのである。大八洲国とは、天瓊矛が成した国なのである。

私（山鹿素行）が謹んで考えるには、大八洲は天瓊矛によって作られ、その形は瓊矛に似ている。だから、「細戈千足国《くわしほこちたるのくに》」ともいうのだ。中国《ちゅうごく》（我が国）は、何と雄武なのだろうか。およそ天地開闢以来、

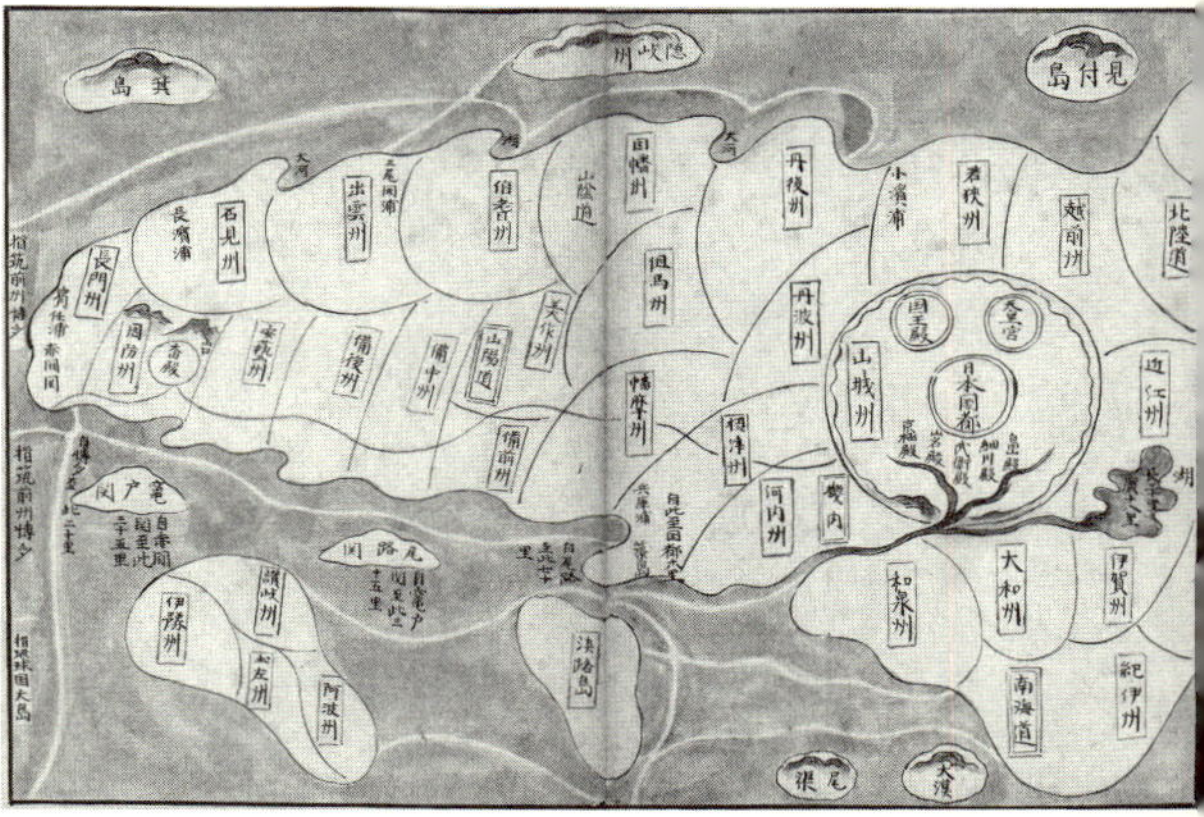

本州図（『海東諸国紀』所載、国文学研究資料館蔵）

神器や霊物が甚《はなは》だ多いが、それらの最初にあたるのが天瓊矛なのである。これは、わが国が武徳を尊んで雄義を表しているのである。

いろいろと注釈が必要な記述だろう。

『中朝事実』の背景

『中朝事実』のいう「ある書物」とは、北畠親房が著した神道書『元元集《げんげんしゅう》』を指す。親房は『神皇正統記』などで知られる南北朝時代（一四世紀）の学者であり、南朝の政治家であった。『元元集』は、南朝の立場から三種の神器の重要性を説く一節で、「大八洲は名があっても形はなく、強いてその形を表現すれば天瓊矛だった」と説いているが、これは、日本列島、とりわけ本州が矛のような形をしているという意味であった。一六世紀以降に精密な地図が作られてゆく以前、日本は横につぶれた菱形のような、あるいは細長いサツマイモのような形をしていると考えられていた。いわゆる行基図などである。親房は、その形が矛に似ているのは日本がもともと天瓊矛によって作られたからである、また「八洲」の名は八《や》咫鏡《たのかがみ》によったのだなどと、「神国」の神秘的な成り立ちを説いたわけで、「武徳」というような考えはなかった。素行はそれを用いつつ、天瓊矛に「武」という意味を付与しているわけである。

次に、「細戈千足国《くわしほこちたるのくに》」とは、『日本書紀』神武天皇三十一年条に、日本の美称の一つとして見えるものである。神武天皇が大和国（奈良県）の形を見て、「トンボの交尾のようだ」と言ったので、「秋津《あきつ》洲《しま》」と名づけたというのに始まり、かつて伊《い》奘諾尊《ざなきのみこと》が「日本《やまと》は浦安の国、細戈千足国、磯輪《しわ》上《かみ》の秀真《ほつま》国」と言い、大己貴大神《おおなむちのおおかみ》は「玉牆《たまがき》の内つ国」と言い、饒《にぎ》速日命《はやひのみこと》は天磐船《あめのいわふね》に乗って大空からこの国を見て「虚空《そら》見《み》つ日本《やまと》の国」と言ったという、大和国の異称の数々を述べた記事から、「細戈千足国」だけを取り出したものである。「細戈千足国」という名称自体は、良い武器がたくさんある国といった意味だろうから「武国」に結びつけるのはわからなくはないが、これだけ多くの異称が並んでいるなかから「細戈千足国」のみを取り出すのは、至って恣意的なものである。しかし、これも「天瓊矛」に並んで、この後、しばしば「武国」の根拠とされた。

もう一つ、素行は「中国」を我が国日本の意味で用いる。儒学を官学の中心に置いた江戸時代の日本では、儒教の本場である中国を「中華」として尊ぶ風があった。素行ももとは儒学を学び、同様の考えを持っていたのだが、その思想は次第に変化し、やがて素行は、日本こそ「中国」だと考えるようになる。ここで見てきた『謫居童問』『謫居随筆』『中朝事実』は、そうした時期に書かれたものである（「謫居」は素行が朱子学を捨てたことに関わって赤穂に配流されたことによりつけられた書名である）。『中朝事実』「中国章」では、日本は古来「葦原中国」と呼ばれたではないか、これこそ「中国」のいわれであると述べている。

山鹿素行の歴史観

どうにもこじつけめいた話ばかりのようだが、吉川惟足の言説が現実の体制擁護という色彩が強かったのに対して、山鹿素行の場合はより原理的なナショナリズムが見えるといえよう。

だが、山鹿素行の場合、日本が「武」の国であるという主張は見られても、それが外国の「文」によって堕落していったというような下降史観は見られない。『山鹿随筆』巻九・六「文治・武治」では、次のような趣旨を述べている。

文と武のどちらが重要であるか、それは時期によって違うことである。平清盛から以降は、皆が武をもって天下を治めてきた。それで、今では皆武治をしている。武治を忘れて文教だけの政治をすれば滅びてしまうからである。文と武のどちらが重要か、それはただ時と場とを見て、その優先順位を決めるのである。常にどちらが重要だと決まっているわけではない。

これは、『中朝事実』よりも後の延宝八年（一六八〇）執筆と見られる部分だが、日本の本質を「武」と措定《そてい》して、「文」は外国からの混入物であるとするような論理ではなく、基本的には「文武二道」の両立を説く論理の枠内にある。

山鹿素行（一六二二〜八五）は、儒学・兵学の他、和学や神道をも学んだ大学者であり、膨大な著作を残している。そのなかには山鹿流として知られる兵法（兵学）に関する著作が多く、「武」に偏る面は否定できないし、膨大な著作のなかには揺れも見られるようだが、「文」の重要性も否定はしなかったのである。

右のように、武士の政治の始まりを平清盛以降とするのが素行の歴史観である。日本の通史を書いた『武家事紀』でも、武家政治の歴史を語る「武統要略」の記述を平治の乱における平清盛の勝利から始め、頼朝の時代に「武家の制法」があらまし整ったとして、頼朝を「武家の始祖」と呼んでいる。仏教伝来以前に「武」による平和の時代があったというような神話的な歴史を説くわけではなく、現代人にも納得できる歴史観を見せているといえよう。だが、それだけに、そうした思慮深い大学者が、「天瓊矛」や「細戈千足国」などといったこじつけめいた理屈によって「武国」日本の由来を説明しようとしていることに、現代人としては奇異な印象を持たざるを得ない。ナショナリズムの情念は、人の理性をくもらせるのだろうか。

「天瓊矛」と井沢長秀

「天瓊矛」神話が、「武国」の根拠として近世に広く用いられたことについては、前田勉が多くの事例を紹介しているが、そのなかで、井沢長秀『神道天瓊矛記《しんとうあまのぬぼこのき》』を取り上げてみたい。井沢長秀（一六六八〜一七三〇）は別名井沢蟠竜《ばんりゆう》、垂加神道を学んだが、それだけではなく、広く和漢の書に通じ、博学で世に知られた。特に考証随筆『広益俗説弁』で名高い。当時の世間に流布する俗説を、博引旁証と合理的精神によって片端から論破する痛快な書物で、著者の博識と合理性が際立っており、近代まで読み継がれたものである。

この井沢長秀が享保五年（一七二〇）に記した、『神道天瓊矛記』という書がある。冒頭の「天部」は、「そもそも我が日本は天瓊矛の成すところにして武国なり」という記述で始まる。典型的な神話的武国論だが、原典の記紀神話とも右に見てきた説とも異なる点が多い。天瓊矛は国常立尊《くにとこたちのみこと》が、イザナキ・イザナミ二神に与えたものであるとする点や、矛で海原をかき混ぜ、そのしたたりから自然にできたオノゴロ島は、「他力を借りず、我が武勇をもって独立するにたとえ」たものだと説く点、「武具全く備わるをもって、細戈千足国ともいえり」と、大和国の異称であった「細戈千足国」を、オノゴロ島など、イザナキ・イザナミ二神が作った島の異称としてしまう点、さらに、『日本書紀』ではオノゴロ島を「国中の柱」としたとあるところを、天瓊矛を国の中央の柱として八尋殿《やひろどの》を建てたとする点などである。

このようにして、本来の神話とは異なる新たな神話が創作され、それに基づいて、次のような教訓が記される。

よろずの器財が多い中で、矛を用いて国を興し、家をお建てになったのを見て、我が国に生まれた者はことさら「武」に専念すべきことを知らねばならない。

こうして、新たな神話は「武国」の国民への教訓となる。そして、「俗に大極柱（大黒柱）というのは、国の中央に天瓊矛を建てたのにならうものだ」と付け加えるのである。

井沢蟠竜の『広益俗説弁』は、たとえば巻二十「仏家」で、「古の僧は奇跡を起こしたが、今はそんな僧がいない。末代で仏法が衰えたのである」という俗説に対して、「今も昔も奇跡などは起きていない。昔は仏法とさえいえば何でも人々が信じてしまったのだが、今では文明の世になって、皆がそうした奇瑞を重んじなくなったので、僧も奇瑞を演出しようとしなくなっただけである」と喝破している。仏教を攻撃する際にはこれほど明快な合理性を発揮した井沢長秀が、一方では、右のように中途半端な焼き直しによって原典からも離れてしまった神話を、「武国」日本の起源として、有り難そうに記しているわけである。

「武国」論の定着

少し時代が降ったが、一七世紀に戻って、山鹿素行とほぼ同時代の儒者・熊沢蕃山（一六一九〜九一）の『集義和書』巻十を見てみよう。同書は延宝二年（一六七四）刊。問答体で、友人の問いや書簡に著者が答える形をとった書である。

旧友が問う。日本は武国である。それなのに「仁国」だというのはなぜだろうか。答えていう。仁国であるがゆえに武国なのである。仁者は必ず武勇があるということは明らかではないか。ただし、逆は必ずしも真ではない。北狄《ほくてき》は武勇の国だが、不仁の国で禽獣に近い。

この問答は、日本を「武国」とする認識を当然の前提として展開されている。日本は「武国」だという認識は、一七世紀には定着したようである。蕃山は儒者なので、「仁」を最重要の徳目とする。『論語』憲問篇に「仁者は必ず勇有り、勇者は必ずしも仁有らず」とあり、仁のある者は必ず武勇などの徳も備えているが、武勇を備えた者が仁であるとは限らないという。そのように、日本はその最高の徳「仁」を備えた国で、仁国であるがゆえに武国でもある。しかし、「北狄」は武勇ではあるが仁ではない、というわけである。

その「北狄」とは何か。これは、『集義和書』が著される少し前に明を倒して中国を制した清王朝を指している。清は漢民族ではなく、北方のツングース系女真（女直）族の王朝である。一六世紀後半からヌルハチのもとで一族を統一した女真族は、一七世紀には後金国を名乗り、次第に明を圧迫して、一六三六年には国号を清と改めた。そして、一六四四年、明が李自成の内乱によって滅亡すると、清は大軍で北京に入り、明に替わって中国の王朝となったのである（明清交替）。

中国文化の正統を伝える漢民族の明王朝が、北方の異民族によって倒されたことは、日本を含む周辺諸国にも大きな影響を与えた。明王朝の復興を願って活動した鄭成功《ていせいこう》をモデルとした近松門左衛門の「国性爺合戦《こくせんやかっせん》」は、明の復興を正義とする立場で作られている。それは鄭成功が日本人を母として日本で生まれたというゆかりによることだが、正統の王朝が武力のすぐれた蛮族によって滅ぼされたという認識もあっただろう（ある意味では、秀吉が企図して果たさなかった明王朝の打倒を女真族が果たしたともいえるわけだが）。

清はやがて『康熙字典《こうき》』や『四庫全書《しこ》』などをはじめとして漢民族の文化を集大成する

王朝になってゆくが、当初は周辺の諸民族に蛮族の王朝と見られていた。朝鮮では、儒学を中心とした漢民族の文化の正統を継承するのは清ではなく朝鮮だという意識が強くなるほどであった。日本の儒者・蕃山は、明清交替をどう見ていただろうか。

明清交替と「武」の下降史観

蕃山は、『集義和書』巻一で、「中国は、かつての聖代には武威が強かったが、末代になって弱くなったのはどういうことか」という問いに対して、おおよそ次のように答えている(要約)。

古代の聖賢の世には、文武が共に備わっていたので、北方の蛮族は臣下として仕えていた。しかし、末代には文が過ぎて驕《おご》りに陥り、武威が衰えたために、北方の蛮族に侮《あなど》られ、犯されたのである。日本も、神武天皇から応神天皇の頃、そしてその後も王者の武威が非常に強かったが、次第に文が強くなって武が衰えた。武が衰える時には、平家のようにわずかに二十数年で弱くなってしまうものである。まして、中国は何百年もかけて文武のバランスが悪くなったので、剣をも帯びない風俗になってしまったのもしかたないのである。

明清交替から蕃山が得た教訓は、中国のように文弱になると国が滅びてしまうので、武を強く保たねばならないというものであった。清を蛮族として非難しつつも、「武」の必要性を重要な教訓としたわけである。朝鮮が明に代わって漢民族の正統の文化を受け継ごうと考えたのとは対照的だが、こうした考え方は、おそらく蕃山に限らず、少なからぬ日本人に共有されていたのではないだろうか。

もっとも、蕃山は「武」を重視するあまり「文」を敵視するわけではなく、文武のバランスを重視している。しかし、右の記事は、上代には強かった日本の「武」が衰えてしまったとする点では、吉川惟足の「武」の下降史観にも似ている。上代の「武威」が強かった時代が神武天皇から応神天皇の頃と設定されるのは、おそらく神功皇后説話が意識されているだろう（応神天皇は、神功皇后が新羅攻めに赴いた時に懐妊していて、帰国後に生まれた子とされる）。これについては以下に見る松宮観山『学論』や会沢正志斎『新論』も参照する必要があるが、日本の「武」の起源を求めるために「武」の黄金時代を仮想する点においては、吉川惟足の言説と大同小異である。

しかし、明清交替を、「武」の伝統をしっかりと継承しなければならないといった教訓を与える事件として受け止めた点は、新しい重要な論点である。そうした見方は、「武」の下降史観も含めて、この後の日本の多くの知識人に継承されてゆく。ただし、もちろん、日本の知識人すべてがそうした見方をしていたわけではない。

自他共に認める「武国」

日本が「武国」であるというのは、日本人だけの認識ではなかった。熊沢蕃山より少し時代が降るが、儒学者であり政府高官でもあった新井白石（一六五七～一七二五）が、正徳元年（一七一一）に来日した朝鮮通信使との間に交わした筆談に、「武国」認識に関わる問題が見えている。江戸城に登城した使節たちと白石が交わした筆談が、『江関《こうかん》筆談』として残っている。それによれば、通信使の副使であった任守幹が「あなたの国は銃や剣の技にたけていると承っています。それを見せてほしいものです」と言った。

それに対する白石の答えは長いので、かいつまんで説明すると、次のようなものである。あなたは私たちに武を尚《とうと》ぶ習性があるとおっしゃるのですね。本邦は確かに武を尚びます。しかし、それは単に昔から伝わる武技を尊んでいるわけではありません。また、文武のうち武のみを尊ぶというわけでもありません。昔、朝廷の権威が衰えた時に源頼朝が武力で乱を治めて朝廷を助けて以来、「仁厚の風」を変じて「勇鋭剛毅の風」となっております。人の気風は変わりやすいものです。しかし、孔子は「仁者は必ず勇有り」とおっしゃいました。我が国では、神祖から命を受け、武を以て乱を鎮め、文を以て治を興してきたのです。

白石の言葉は、日本は戦いを好んでいるわけではない、日本・朝鮮両国の平和を保つことが双方の人民の幸せをもたらすと続く。

それに対して、通信使正使の趙泰億は、両国の親睦と平和が続くことはまことにめでたいと述べ、副使の任守幹は、「私はずっと日本を、武を尚ぶ国だと思っていました。しかし、今回お訪ねしてみますと、文教もとても盛んであります。まことにめでたいことです」などと述べている。

ここからわかることの一つは、日本が、朝鮮からも「武を尚ぶ」国と見られていたことである。先にも見たように、儒学を中心とした文化の後継者を自任していた朝鮮としては、自国が「文」の国であるのに対して、日本は「武」の国に見えるというのも自然なことといえよう。また、白石も日本が「武を尚ぶ」国であることを認めている。日本は自他共に認める「武国」だったわけである。

だが、白石はそう言われることをあまり喜んでいないようである。白石のような正統的な儒学者にとっては、「文武」はあくまでもその双方をバランスよく保持すべきものなのであり、あまり「武」一辺倒の国であるように言われるのは、野蛮人だと言われているようで不快だという雰囲気が伝わってくる。頼朝の時代から気風が変わったのだという説明も、「武国」史観とは対照的で、日本も本来は「武国」ではなかったという認識を示している。

「仁者は勇なり」を引く点は熊沢蕃山と似ているが、その力点は異なる。蕃山が、「武国」という性格づけを是認した上で、それを弁護するためにこの言葉を引いていたのに対して、白石の場合には、むしろ日本の本質を「仁者」だとし、武にすぐれていることはそれと矛盾しないのだと弁明するために、この言葉を引いているように見える。「武国」と呼ばれることをあまり喜ばないのは、儒学者としては自然な態度だといえよう。

このように、江戸時代の知識人にもさまざまな立場があった。その点も、この問題について理解しておかねばならない重要なポイントの一つである。

「武」の下降史観の変質

さて、一八世紀へと目を移しつつ、再び積極的な主張としての「武国」論の継承と変化を見てゆくこととしよう。松宮観山（一六八六～一七八〇）は、江戸時代中期の儒学者・軍学者であり、国学者でもあった。神道や天文・数学にも通じた博学の人である。その著作『学論』は、宝暦五年（一七五五）の序がある。題名どおり学問を論じた書物だが、その重要な力点は、「武学」の必要性を説き、また、中国を尊ぶ儒学者（荻生徂徠などが意識されていよう）を批判するところにある。

『学論』は冒頭で日本には日本の風土があると述べ、儒者が中国を「華」とし、日本を「夷」とするのは不当であるとする。また、日本では「中葉以降」、武将が権力を握り、天皇家を助けて平和を保ってきたので、自ずと「武学」が発達してきたという。観山も、文武のバランスが大事であるというのだが、それは文だけでなく武を大事にしようという、「武」の側からの主張に力点があるようである。

そうした主張の中で、巻上の一節では、「もとより我が国は、上世には細戈千足国と称した。武備が盛んであることがわかるだろう。それ以来、武は国民の風となってきた」と述べる。山鹿素行などについて見てきた「細戈千足国」が、ここでも登場し、日本の「武」の由来とされるわけである。

また、『学論』はその後やはり巻上の中で、武を学ぶならば日本のことを知らねばならないとして、神話時代に遡る。「国朝武備」の始まりは天照大神にあるというのである。天孫が三種の神器を携えて降臨し、まつろわぬ者どもを征したこと、そして、神武天皇や日本武尊、神功皇后が東征・西征を行ったことを学び、神武天皇が日を背に負って戦った策や、日本武尊が草原で草を薙《な》ぎ払った謀《はかりごと》、神功皇后が旱珠・満珠を用いて新羅を征したことなど、さまざまな故事を知らねばならないという。そして、応神天皇の時代に文武の学問が共に興り、後世の人民には大きな恩沢となったという。先に見た熊沢蕃山の言説との関係は不明だが、蕃山が神武天皇から応神天皇の時代に武威が強かったと述べていたのは、あるいはこのようなことだったのだろうか。いずれにせよ、観山もまた、神話的な「武」の黄金時代を仮想しているのである。

そして、この『学論』に門人の中條信敬が記す跋には、次のような文が見られる。観山先生は、武学を教授なさった。そのお言葉には、「文を軽視するわけではない。その時の国のあり方に応じて、重要なことを唱えるのである。今や、我が国では文学は盛んに行われているが、武備は大いに弛んでいる。中国を崇拝して、我が国を基とすることを知らない（だから日本の武を重視するのである）」とあった。

ここでいう「文学」は、現在いわゆる文学ではなく、儒学のことである。儒学が栄える一方で、「武」はゆるんでしまっている、それは中国を崇拝して日本本来の「武」の精神に基づくことを怠っているためである、という論理である。ここでは、外来文化流入による「武」の下降史観という点で、先に見た吉川惟足と類似の発想が認められよう。

ただし、吉川惟足の場合は、日本の「武」を弱めた外来文化として想定されていたのはおそらく仏教だが、松宮観山の場合、問題にされているのは儒学である。これは弟子の書いた跋文であって観山自身の文ではないが、儒者でもあった松宮観山が、「我が国本来の武」を重視するあまり、儒学批判に近いことを述べていたと見られる点が注目される。

そしてもう一つ、吉川惟足が述べた「武」の衰えとは、推古天皇の時代以来という過去の長い歴史の問題であり、その衰えは徳川幕府によって回復されたととらえていたのに対して、この跋文がいう武備の弛んだ「今」とは、観山の生きている時代そのものを指すと解される。いわゆる元和《げんな》の偃武《えんぶ》（大坂の陣の後の平和の到来）から既に百年以上が経過し、長い泰平の中で儒学ばかりが盛んになり、真剣に「武」を学ぼうとする武士らしい武士がいなくなってしまった――松宮観山の危機感はそうしたところにあったのではないだろうか。

会沢正志斎『新論』の歴史観

そうした危機感を、より鮮明に見せているのが、会沢正志斎『新論』である。会沢正志斎（一七八二～一八六三）は、後期水戸学を代表する儒学者である（水戸学は水戸藩で発展した、儒学や歴史学を中心とした学問）。『新論』はその主著といえよう。尊皇攘夷を理論的に体系化したもので、文政八年（一八二五）に成立したものの公刊を許されなかったが、ひそかに書き写されて世間に流布し、安政四年（一八五七）に刊行されて、幕末の志士たちに大きな影響を与えた。ラクスマンやレザノフの来航、フェートン号事件などが相次ぎ、同書の成立直前には異国船打払令が公布されるという状況の中で、幕政を立て直さねばならないという危機感に満ちた書物である。

　その『新論』の「国体・中」の章は、次のように書き始められる。

「天朝」（日本）が武をもって国を建て、武威を振るってきた由来は古い。弓矢や矛を用いたことは神代から見えている。宝剣は三種の神器の一つである。それゆえ、「細戈千足国」と号したのである。

例によって「細戈千足国」を用いた「武国」の起源だが、『新論』の場合、この後の「武」の黄金時代の歴史が詳しいのは、さすが『大日本史』編纂にあたってきた水戸学の学者というべきか。神武天皇・崇神天皇の代や日本武尊の戦いないし軍事的事績を列挙し、「ついに三韓をたいらげ、府を任那《みまな》に建てた」として、応神天皇に次ぐ仁徳天皇の代には平和が訪れたとする。江戸初期以来、仮想されてきた「武」の黄金時代の歴史は、ここで最も具体化されたといえよう。もちろん、それは日本が本来「武国」であったという歴史観に合わせて、『日本書紀』から都合よく拾い出された「歴史」に過ぎないが、神話的記述によって漠然と古代の黄金時代を想像するだけではなく、その後の具体的な「歴史」を描き出した点は注目に値しよう。

『新論』は、仁徳天皇の後、履中天皇・反正天皇の代から、日本はようやく衰弱に向かったとして、朝鮮半島での権益の喪失を記す。しかし一方で、蝦夷の征服などを挙げて平安初期にも「武」は未だ必ずしも衰えていなかったとする。会沢正志斎にとって重要なのは、「武」が衰えた過程よりもその原因である。それは、「兵制」の変化、即ち祭政一致のもとで軍事が天命によってなされた古代から、各地の武士が武家の棟梁に従った時代へ、そして大名の統治下で武士が所領から切り離されて城下町に住む時代へという変化によって説明される。

会沢正志斎の理想は、自分の地に密着した民が、いざとなればこぞって兵となって天命(即ち天皇の勅命)を奉じ、一致団結して戦う社会であった。それは、すべての民が天皇直属の軍として「武国」を担った黄金時代を、現代に蘇らせようとするものである。この理論こそが尊皇攘夷の草莽の志士たちを奮い立たせたのであり、さらに近代日本国家を支える論理となってゆくことは、四章2節で見てゆくことになる。

武士が自分の土地からすっかり切り離された江戸時代には、日本国家はそうした理想からは離れてしまい、城下町の武士と切り離された庶民は戦いのことを考えず、「武」は弱くなってしまった。それでも、家康の時代の武士たちは節義を重んじ、勇敢で死を恐れず、世間一般も未だ戦いを忘れず、危機に備える構えを常に忘れなかった。だから、構造的には弱くとも、武士のいるところでは弱みは見えなかったのである。

会沢正志斎の歴史観も、「武」の下降史観ではあるのだが、このように、「武」の衰弱として指摘される内容は独特で、外来の「文」が堕落をもたらしたなどというのではなく、武士の社会的存在形態の分析に立脚した歴史的・構造的な論が展開されている。その結果、吉川惟足の現体制擁護などとは大きく異なる現状批判となっているわけである。

近頃の武士はたるんでいる

ただし、『新論』は単なる歴史論ではない。右のような歴史的な武士論ないし軍制・国家論に続いて、激しい当代批判が展開されるのである。

天下の富で武士を養えば、武士の周囲には財貨が集まり、商人が集まる。そこで武士たちはぜいたくに慣れて情欲にふけり、その結果、貧しくなってしまった者はますます利を求めるようになる。皆が利に目がくらめば、義を忘れ、恥を忘れる。そして国全体が恥を忘れ、生気を失って弱体化するのである。

農地や民と切り離され、城下町で安楽な暮らしを送るうちに武士が堕落してしまったのではないか、と会沢正志斎は言うのである。このあたりは、歴史論というよりも、実際に目の前にいる武士たちへの不満、いらだちに基づくと見られる記述が目立つ。

武士は城下町から出ず、話題は婦女や酒食、俳優や雑劇、植木や生け花、鳥猟や魚釣のことばかりである。剣術を習う者は私闘の役に立てるだけであり、弓矢や銃を習う者は演武場で競技を見せるに過ぎない。馬を飼うにしてもただ威儀を整えるだけであり、甲冑や武具も見た目の美しさばかり考え、衣服や器具なども何に使うかを忘れてしまい、戦場で実際に使うことを考えていないのである。長く続いた泰平によって戦いを忘れ、都市に住んでぜいたくに慣れた武士たちへの生々しい怒りが噴出している。

武士というものは、筋力が大事である。走ったり跳んだり、険しい山を登り、風雪を冒し、粗衣粗食、飢渇に耐えるのが武士である。だから、兵に向いているのは田舎の素朴で実直な農夫なのだ。都会的で軽快な洗練された男は最も忌避せねばならない。ところが、近頃の武士は都市民と一緒に暮らし、性質は軽薄で華美を追い求め、美酒を飲み鮮魚を食って、体は豊満だが手足は軟弱で、畳の上ではうまく立ち回るが、危険な戦場で苦難に耐えるなどということはとうていできない。これは兵には最も不向きで、いざという時には何の役にも立たないのである。

要するに、近頃の武士はたるんでいるというわけである。単なる精神論ではなく、武士の存在形態がこうした堕落をもたらすとして国民皆兵を求める理論的な叙述ではあるのだが、武士の現状に対する不満が叙述に精彩を与えていることも確かだろう。

このように、「武」の下降史観は、江戸時代を通じて語られ続けたが、その内容は微妙に変質していった。武家政権擁護の論理から、体制批判・現状批判の論理にもなったのである。だが、その根本には一貫して、日本を「武国」として称揚するナショナリズムがあったことは間違いない。次に、ナショナリズムという観点から「武国」論を再検討したい。

3　ナショナリズムと「文武」

幕末の危機と『尚武論』

会沢正志斎『新論』は、異国船来航が相次ぐ情勢のもと、危機感に基づいて書かれていた。「形勢」の章では国際情勢を詳しく分析し、西洋列強、特にロシアの侵略に備えよと説いている。ただ、その中では、ロシアは清を狙っているが、清は未だ強盛でそう簡単には倒せないので日本を狙っているのだと分析していた。しかし、『新論』が書かれてから刊行が許されるまでの間に、アヘン戦争が起きる（一八四〇～四二年）。イギリスが清にアヘンを買わせるために戦争をしかけ、領土や財宝を略奪した無法な戦争だが、大国の清がイギリスに一方的に敗れたというニュースはたちまち日本をかけめぐり、大きな衝撃を与えた。日本も十分な武力を持たなければ、列強に侵略されるに違いない。「武」の必要性が声高に叫ばれるのも自然なことだった。

その時期、嘉永三年（一八五〇）に、中邨中倧《なかむらちゆうそう》『尚武論』が刊行された（刊年としては『新論』に先立っている）。中邨中倧（中村元恒。一七七八〜一八五一）は、信濃高遠藩の藩医であり藩儒を兼ねていた。『尚武論』は、現在では有名ではないが、本書で扱う「武国」論の極北ともいうべき書物である。

『尚武論』は、冒頭で次のように述べる。

我が国は武国である。中国は文国である。文国は文を尚び、武国は武を尚ぶ。何の不審があろう。当たり前ではないか。日本では、上古の数百年の間、逆臣が叛くこともなく、外敵が侵入することもなかった。身分の高い者も低い者も安泰で、四方が無事に治まっていた。中国の堯舜の治世と並ぶ理想的な時代だったのである。当時は儒教は未だ入らず、仏法も未だ興っていなかった。では、なぜそうした理想的な時代だったのか。それはただ武によって治まっていたのである。我が国には武がある。我が国の自然の道であり、尚ぶのが当然なのである。

既におなじみの〈日本＝武国〉〈中国＝文国〉論に続いて、「武」の神話的黄金時代が記述される。同書ではその時期を具体的に示すことはなく、ただ「上古の数百年」とするのみだが、儒教や仏教の伝わる以前とするところに意味があろう。つまり、吉川惟足以来の「文国から来た悪しき外来思想が、日本の武の理想郷を損なった」という構図を継承しているのであり、そうした日本本来の「武」を、「我が国の自然の道」と位置づけるわけである。

『尚武論』の歴史観

『尚武論』の続きを読んでみよう。

なぜ日本が「武国」だとわかるのか。日本は「瑞穂国《みずほのくに》」という。米や粟が豊かにあふれ散っているような国という意味である。「細戈千足国」という。良質の武器を多く備えた国という意味である。武器が良質で米や粟は足りている。それが「武国」でなくて何だろうか。また、「オノゴロ島」というのは強い男という意味である。「浦安国」というのは、外敵に犯されず四海が安寧だという意味である。これらも「武国」たるゆえんではないか。

もうおなじみの「細戈千足国」である。もっとも同書では、『日本書紀』神武天皇三十一年条に見える日本の異称から「浦安国」も引き、その他、「瑞穂国」や「オノゴロ島」にも言及する。だが、「浦安国」「瑞穂国」を「武国」のしるしとするのは強引である。さらに「オノゴロ島」を強い男（原文「丈夫」）の意味とするのは、どういう解釈をしたのか、意味不明である。総じて多分に無理があると思われるが、基本的には「武国」論の定石にのっとった論述といえよう。

また、本来「武国」だった日本が、異国の「文」によって損なわれてしまったという「武国」論に多く共通する把握や、さらに、泰平によって人が逸楽と驕奢《きょうしゃ》に流れ、危機にあるという、会沢正志斎『新論』などに似た指摘も見られる。

しかし、その歴史観は独特のものである。同書は日本の歴史を「武」と「文」の争いととらえ、常に「武」の側が勝利してきたというのである。

（壬申の乱の）大友皇子は文であった。ついに天武天皇の武に勝てなかった。平家は文であった。ついに源氏の武に勝てなかった。南朝は文であった。ついに足利の武に勝てなかった。新田や楠木は武臣だが、南朝に属したため、とうとう勝てなかった。それは、新田や楠木の戦い方が誤っていたからではない。彼らには知も勇もあった。しかし、「天の助くるところは即ち武に在り」。武の側に属していなければ天意を得られず、勝てなかったのである。

天は「武」に味方する、「武」こそ正義だ、足利も「武」の側だったので天が味方したから勝ったのだ、というのである。「唯武史観」とでもいうべきだろうか。同書はナショナリズムの立場で「武国」論を唱えたという点では水戸学の会沢正志斎とも共通するが、水戸学の学者が同書を読めば激怒したのではないだろうか。南朝こそ正統だとする立場で楠木正成を忠臣と称揚した水戸学にとって、南朝は天意に背くものだったなどという言説は、不倶戴天の敵といわれてもしかたがない。「文」に対抗して「武」を称揚する「武国」論は、このような書物をも生み出したのである。

『尚武論』の反「文」と「武士道」

さて、それでは『尚武論』が敵視する「文」とは何か。これは雑多かつ観念的でわかりにくいのだが、最初に引いたように異国から入ってきた儒教・仏教が「武国」にふさわしくないものとされていることは確かである。だが、仏教はともかく、中邨中倧自身が儒者であるにもかかわらず、儒教を批判するのはどういうことだろうか。中倧に言わせれば、本来の孔子の教えは良いが、孟子は既に不純であり、さらに我が国の「儒道」は「儒の本源」を極めたものではなく、ただ「文辞章句」にこだわるばかりで、軟弱になってしまっている。そのような「文人儒者」は「游民之徒」として排撃せねばならないというのである。

どうやら、中倧が批判する「文」とは、現実の役に立たない、文章や観念の世界にとじこもる人や学問を言うようである。そこで、現実に有用な「真儒」という概念が登場する。我が国は武国なのだから、武道を助ける「真儒」を用いればよい、そうすれば儒道が国を害することもないだろうという形で、かろうじて儒学の有用性を説くのである。

しかも、「文」への批判は、外来の文化に限らない。日本伝統の和歌などの文学も批判の対象となる。

朝廷や貴族では、和歌を我が国の道とする。和歌は素戔嗚尊《すさのおのみこと》から始まり、連歌は日本武尊から始まる。だが、その両者はもとより歌の道の専門家ではなく、仮に歌の形で思いを述べただけである。そのように、今の学者が身につけた学識によって歌を詠むのはかまわない。しかし、詩歌を学ぶことを学問の目的とするのは全く認められない。人麿や赤人を世の人は歌聖と呼ぶが、二人とも単なる文人で、もとより道を知る者ではない。私に言わせれば李白や杜甫の亜流に過ぎない。我が国で道とすべきは武であって、歌ではないのである。

二章で見た『義貞軍記』や加藤清正は、自らの「武」の道を詩歌管絃などに対置していたが、三章で見てきた「武国」論者のほとんどは、少なくとも建前としては「文武両道」を掲げていて、ここまで「文」を排撃はしなかった。だが、中郵中傺は、「文」など「道」ではないというのである。

ここでいう「道」とは、人が真剣に追求すべき、生きる目的とすべきもの、あるいは人生の指針といった意味だろうか。では日本人にとって「道」とは何か。中岱はそれを「武士道」だと言う。

我が国は武国なり。自ずから武士道有り。これ、儒道を仮《ママ》らず、仏意を用いず。我が国自然の道なり。

日本人は、外来文化に拠らず、また「道」ではない和歌などにうつつをぬかすことなく、日本人が自然に身につけている「武士道」に拠って立つべきである。それこそが日本人の「道」なのだ――というわけである。

「武士道」という言葉は、二章3節で見たように、中世末期から近世にかけて使われ始め、当初は現場で戦う武士たちの粗野で殺伐とした気風を指す言葉だった。江戸時代には、そうした武士を儒教道徳に基づいて矯正しようとする「士道」が説かれた。たとえば山鹿素行は、武士は民に模範を示す存在でなければならぬと説いた。だが、そうした秩序を優先する行儀の良い教えに対して、武士本来の荒々しい戦闘精神を保とうとする者たちは「武士道」を標榜した。儒学の権威であった荻生徂徠は、そうした者たちを、時代遅れの戦国の風俗をいつまでも有り難がる野蛮な連中であると痛烈に批判した（『太平策』）。一方、中岱はそうした儒学者に対して反発し、ナショナリズムの立場から「武士道」を主張しているわけである。

「武国」論と儒学

『尚武論』が儒学への反発を抱えた儒学者によって説かれていたのは興味深いところである。前節で見てきた「武国」論者の多くは、儒学・神道・兵学（軍学）などを学んだ学者たちであった。吉川惟足も儒家神道に分類され、儒学を学んだことで知られる。山鹿素行は兵学や和学をも学んだが、根本的には儒学者であり、その論理は儒学に基礎を置く面が強い。熊沢蕃山も松宮観山も会沢正志斎も、みな儒学者であった。江戸時代の学問の中心は儒学であり、学者たちの多くは何らかの形で儒学を学んだのである。

しかし、そのなかには儒学を学びつつも中国尊崇には反発し、葛藤を抱える者も多かった。また、文官重視の官僚制社会である中国で生まれた教えが、日本の武家社会にはどうもぴったり合わないと、違和感を持つ者も多かった。基本的な思考様式は中国文化によって形成しつつ、しかし、その頭で、自分たちの現実に適合した、そして日本人のアイデンティティを損なわずにすむ理論を編み出したい――「武国」論の理論化は、そうした者たちによってなされたのである。

「武国」論とは、「文国」である中国に対して「武国」日本の独自性を主張するナショナリズムだが、その根源は皮肉なことに中国文化にある。そもそも「文武」という概念、「文」と「武」を組み合わせて対立項とする構図自体が中国産のものだからである。二章2節に見たように、「文武」は『詩経』などにも見られる古い漢語であり、「文武両道」論の典拠は『帝範』などの中国古典と見られる。その「文武」の構図自体は中国文化を受け継ぎ、その構図の枠内で思考しながらも、「文」を重視する中国に対して日本独自の「武」を重視したのが、「武国」論者だったわけである。

ナショナリズムと儒学・国学

その問題を裏側から照射しているのが国学である。日本の古典的なナショナリズムといえば、儒学よりもむしろ国学を想起する人が多いだろうが、「武国」論は賀茂真淵や本居宣長などといった正統的な国学の伝統から生まれたわけではない。

たとえば本居宣長は、決して「武国」などと口走ることはないし、「軟弱な文学は国を害する」などとは、口が裂けても言うわけがない。宣長は、『万葉集』に始まる和歌を研究して『万葉集玉《たま》の小琴《おごと》』『古今集遠鏡《とおかがみ》』『新古今集美濃の家づと』などを著し、『源氏物語』を研究して『紫文要領』や『源氏物語玉《たま》の小櫛《おぐし》』を著した。文学の価値は儒教や仏教の道徳論で判断すべきではなく、「もののあはれ」を知ることにあるとして、文学の意義を主張したのである。儒教などを「からごころ」として排し、日本文化の尊さを主張するナショナリズムという点では、一見「武国」論に似ているようでもあるが、宣長の場合、そもそも「文武」という構図の土俵そのものに乗らないのである。

『日本書紀』に見える「天瓊矛」は『古事記』にも「天沼矛」の表記で記されるが、宣長の『古事記伝』では、これを「武国」の由来に付会するようなことは一言も述べない。ただ、「この矛について種々の説があるが、取るに足りない」との注記があり、この注記が「武国」論的な言説を意識している可能性は考えられよう。いずれにせよ、宣長は、「天瓊矛」を「武国」の由来とする説を黙殺したか、または一蹴したのである。一つ一つの言葉の理解を積み重ねて古典の正確な解釈を目指そうとした宣長にしてみれば、見るからに牽強付会の「天瓊矛」論など、論ずるにも足りないものだっただろう。なお、『日本書紀』神武天皇三十一年条に見える「細戈千足国」の異名は、『古事記』や『日本書紀』神代巻には出てこない。『日本書紀』を『古事記』に比べて価値の劣る書物と見る宣長は、この言葉にはあまり言及していないようである。

ただし、国学もまた多様に展開するわけで、宣長以降の国学者に「武国」論者がなかったわけではない。たとえば、平田篤胤《あつたね》『大道或問《だいどうわくもん》』（安政四年〈一八五七〉成立）は、「皇国が武をもって本体とすることは自然の勢いである」として、天瓊矛など神話に見える武器を並べ立てている。「武国」論の基本的な形にはまっているわけだが、これは極端なナショナリズムに走った篤胤が「武国」論を取り入れたものであり、宣長に代表される国学の正統的な継承とはいえまい。

ともあれ、江戸時代の思想の展開は多種多様である。「武国」論は江戸時代後期には特に盛んになったが、先にも述べたように、すべての人々がこのように考えていたわけではないことには注意しておきたい。江戸時代の日本文化は非常に豊かで多彩である。天瓊矛神話を「武国」の起源として有り難がる者もあれば、そうした解釈には目もくれず、学問的注釈に励む者もあり、また他方には、「逆鉾」を性的比喩と見て茶化しまくる川柳作家たちもあったことを忘れてはなるまい。

異国の文化を排する「武国」論は、異国の文化を土台として生まれ、それを育てた者たちの多くは自国の文学を愛していない者たちであった。現代に至るまで、日本の国粋主義者たちは、しばしば異国の文化を排撃せよと主張するが、にもかかわらず、自らの思いをやまとことばで述べようとはせず、いかつい漢字を好む者が多い（昨今、あるいはそうした教養も失われつつあるのかもしれないが）。それは、彼らが儒学の遺伝子を受け継いでいるからである。

このように、「武国」論は、発想の根本を中国文化に置きながら、同時にそれに反発するものであった。それは、近世日本の支配的イデオロギーであった儒学への反発を一つのエネルギーとして展開されたのではないか。外来の疎遠な論理である「文」に、日本人の「自然」の道、つまり受け入れやすい感覚としての「武」（武士道）を対置した『尚武論』は、その典型的な姿を示しているように思われる。外国産のものは、どうも日本人の身の丈に合わない。外国の教えは、理屈は正しいのかもしれないが、自分たちの現実には何だか合っていないような気がする——そのような感覚が、その底流にあるのではないか。

こうした問題を、少し異なる角度から見てみよう。貝原益軒『文武訓』（享保二年〈一七一七〉刊）は、「日本の兵術を学んで文学を学ばない人は、道理にうといものだ」として、そういう道理にうとい人物は次のような発言をするのだと批判する。

もろこしの道によっていては、日本の武道を極めることはできない。日本は武国なので、もろこしのような正直で手ぬるい風俗では功名をあげることができず、日本の風俗には合わないのだ。「ひずかしく、すすどくて」（心がひねくれ、すばしこくて油断がならないさまで）、人の功名をも奪って自分の功名とし、人の取った首をも横取りして自分の手柄とするのが、日本の武道なのである。

おそらく兵法者などのなかに、こういうことを言う者がいたのだろう。もっとも、私たちはその生の声を聞くことはできず、オーソドックスな儒学者の立場からそれを批判する貝原益軒の文章を通じて知るしかないので、この露悪的な表現が多少誇張されたものである可能性などを否定することはできないが。

このようなことを言う者が実際にいたのだとして、それはおそらく、「もろこし」(中国)の実態を知った上で日本と比較しているわけではあるまい。「きれいごとの理屈では現場はつとまらないんだよ」という類の言説、「もろこし」の説であろうが日本の説であろうが、建前論は現実には通用しないと言って理想を否定したがる者は、どの時代にも、どの場所にもいる。まして、戦の場では、きれいごとが通用しないというのは実際そのとおりでもあるだろう。

戦国大名の朝倉宗滴《そうてき》が残した「武者というものは、犬と言われようが畜生と言われようが、勝たなければ始まらない」(『朝倉宗滴話記』)という言葉に見るような、中世以来の荒々しい「武士道」の精神を江戸時代に伝えようとしていた者たちが、きれいごとの理想に反発したことは想像に難くない。現実の戦場で手段を選ばず敵を倒し、生きのびてきた生々しい感覚からすれば、平和な社会のあらゆる理想論は否定の対象となったとしてもおかしくない。

ただ、そこで現実に対置される理想が、この時代には「もろこし」の儒学だったのであり、それに反発することが日本のナショナリズムにつながったのである。こうした心情が、ナショナリズムとしての「武国」意識の一つの底流に存在したのではないかと思われる。

「武国」論と反知性主義

建前と本音が違うのはどの国の文化にもあることだろうが、日本の場合、建前にあたる体系的・理論的な道徳は、仏教や儒教など外来の思想に基盤を置いてきた。神道も教理を説こうとする場合には仏教や儒教の理論あるいは概念を借りた。外来の道徳を自分たちの感覚に合わせて修正し、あるいは自分たちの感覚を外来の論理に託して表現しながら、やってきたのである。

それは私たち日本人の文化の個性であって、良いことでも悪いことでもないが、そうしたやり方の中で、往々にして、外来の建前に対する微妙な違和感が残ったことは想像に難くない。そうした時に、実感に基づく建前への反発は、外国から来た理論への反発として、排外主義と結びつきやすい。それは仏教や儒教を西洋文化に置き換えただけで、現代の問題そのものでもあり得る。

筆者は、「武国」論は日本的な反知性主義と呼ぶべき面があると思っている。もっとも、「反知性主義」とは、森本あんりによれば、アメリカのキリスト教を背景に生まれた、知性と権力の固定的な結びつきに対する反感であり、平等理念に基づいて特権的な知性に対抗する、民衆を基盤とした運動である。一方、ここで問題にしてきた「武国」論は、しばしば体制擁護としても機能する、知識人や武士階級を基盤とした理論である。似ても似つかないではないか、と言われてもしかたがない。

しかし、筆者が「武国」論と反知性主義の類似を感じる理由は二つある。一つには、「武国」論の流れが、二章3節で見た『義貞軍記』以来の「詩歌管絃」への反発、つまり文学や芸術への反感をしばしば伴っていることによっている。それは、貴族層、つまり身分の高い人々の文化に対する反感である。古来の教養の蓄積に立脚する伝統文化を、自分たちには不要のものだと言いたがるのは、アメリカの反知性主義が、ヨーロッパの旧世界に由来する古くさい権威を否定したがるのによく似ているのではないだろうか。

そして、もう一つの問題は、「武国」論が、外来の理論、正しいとされる建前に対する反発を一つの基礎としていると見られることである。外来の理論に反発し、自分たちの感覚に合う「自然の道」を対置する（この種の主張は、多くの場合、自分にとって「自然」に感じられることを、誰にとっても「自然」なことであると思い込む人たちによって展開される）。

それは、外来文化の権威に対抗し、自らの根拠となる権威や回帰すべき始源をむりやり作り出そうとする思考につながる。「天瓊矛」「細戈千足国」などの修正・付会された神話や、「武」の黄金時代の歴史を仮想するのが、その顕著な表れである。それは、知識人の建前に対して、「自然」でわかりやすい本音を対置し、「始源に返れ」と呼号するアメリカの反知性主義と重なって見えるのである。

筆者は、「武国」論を唱えた者たちが知性的でないと言いたいのではない。「武国」論者にも立派な学者、思想家は多い。たとえば、山鹿素行や熊沢蕃山、あるいは会沢正志斎などは、江戸時代を代表する思想家である。その点は、アメリカの反知性主義とは重ならない。しかし、そのすぐれた学者・思想家たちが、「武国」の起源については愚かしい牽強付会の議論を繰り返すのはどうしたことか。そこには、ナショナリズムの持つ罠があるのではないか。自らのうちにしかけられたそのような罠に陥って葛藤するのが、日本の知識人にありがちなことであるようにも感じる。だとすれば、その問題は現代に生きる私たちにも教訓を与えてくれるように思われるのである。

いや、それは前近代について学ぶことで現代人が教訓を得られるという話にはとどまらない。「武国」論は近世で終わったのではなく、近代日本にも現実に力強く生き続けたのである。最後にその問題を考えてみたい。

第四章　「武国」から「軍国」へ

1 「武国」意識の広がり

「武国」意識と庶民

前章3節では、知識人を中心に考えてきたが、「武国」論の問題は、こうした知識人や武士の理屈でのみとらえられるものではない。その背後には、「庶民」「民衆」などと呼ぶべき多くの人々の存在を考えねばならない。「武国」意識を知識人や武士などの階層のものととらえるのは、必ずしも正しくないのである。もちろん、著作を残すわけでもない一般庶民の意識を探るのは難しいことだし、そもそも、自分の国はどういう国であるかなどと考えている「庶民」が、どれぐらい存在したのかという問題も、難しいものである。近世のほとんどの日本人にとって、「くに」といえば郷里のことであり、その広さはせいぜい藩という程度の単位にとどまっていただろう。「日本」という単位の「国」の特色を他国と比べて考えるなどというきっかけはないままに一生を終える人が多かったことは、想像してよいと思われる。

だが、近代の国民国家としての「国」意識とは違っていても、一般庶民が日本という

「国」について何らかの意識を持つことがなかったとはいえない。「武国」論が江戸時代の多くの人々に受け入れられていった様相は、三章1節で取り上げた朝鮮軍記物や浄瑠璃などについても見てきたことである。識字率の高かった近世日本では、刊行された娯楽読物が武士階級以外の多くの人々に読まれた。また、浄瑠璃・歌舞伎などの芸能が都市を中心としつつ全国の多くの民衆に愛されたことは周知のとおりであろう。そうしたメディアの中で、日本人は武力にすぐれている、日本は外国へ進出する力を持っているといったメッセージは、繰り返し説かれていた。

それは、近世日本の文化が、武士的な価値観を多く取り入れたものになっていたことに大きな原因があろう。「武士は江戸時代の日本の人口のごく一部に過ぎない」ということは事実であり、また、「江戸時代には、それまで文化の担い手ではなかった町人が文化の主体になった」というのも間違いないことだが、武士以外の圧倒的多くの民衆が、武士的な価値観を取り入れた芸能や文芸に熱狂していたことも事実である。室町時代の『義貞軍記』が、貴族的な価値観に対する反抗のような形で武士的価値観を提示していたのに対して、江戸時代には武士的な価値観が社会の主流に近い位置にのし上がってきていると思われる。

抽象的な議論ではなく、幕末頃の民衆の「武国」意識について、一つの例を見てみよう。天保三年（一八三二）に尾張廻船（尾張から江戸へ商品を運ぶ船）の宝順丸に乗り込み、嵐に遭って漂流し、アメリカ北西部に漂着して助かった三人の水夫がいた。その一人の名を音吉《おときち》という（「乙吉」とも記す）。尾張国知多半島出身の水夫であった。彼らはその後、イギリスを経て地球を文字どおり一周し、マカオに来た。そして、天保八年（一八三七）、九州出身の漂流民と共にアメリカのオリファント商会の船モリソン号に乗り、日本へ向かった。オリファント商会としては、漂流民送還をきっかけに、日本に通商を求める意図があっただろう。

三浦半島の沖から江戸湾に入ろうとしたモリソン号を迎えたのは、しかし、浦賀の砲台からの砲撃であった。文政八年（一八二五）に発布された異国船打払令（無二念打払令）以来、日本沿海に近づく外国船に対しては無差別に砲撃を加えて撃退するのが幕府の方針であった。モリソン号はやむなくマカオに引き返した。いわゆるモリソン号事件である。船上から懐かしい富士山や伊豆の海岸を見て、日本に帰ってきたと胸を躍らせたとたんに祖国から砲撃を受けた音吉たちの心境は、いかばかりのものだったろうか。

マカオに引き返した音吉は、通訳などに従事しつつ、中国で暮らした。自分自身は帰国をあきらめたが、同様の立場の漂流者に出会った時は、その帰国を助けたという。そうしているうちに、栄力丸の水夫に出会う。

摂津国の商船栄力丸は、嘉永三年（一八五〇）に、江戸からの帰途に遭難、水夫たちはアメリカ船に救助され、サンフランシスコまで行った後、中国に向かい、嘉永六年（一八五三）、上海に来て音吉に出会ったのだった。栄力丸の水夫たちの半数あまりは、音吉の助言を受け、清国船で安政元年（一八五四）長崎に向かい、帰国することができた。そのなかの一人、伯耆国（鳥取県）出身の利七の談話を、鳥取藩の儒臣であった堀敦斎《とんさい》・正墻《しょうがき》適処《てきしょ》が聞き取り、編集して残しているのが『漂流記談』という書である。その『漂流記談』の中には、上海で利七に語った音吉の談話がある。ここではそれを取り上げたい。

漂流者音吉の「武国」意識

音吉と利七が初めて会ったのは、ペリーが黒船に乗って日本の浦賀に来航する直前だったようである。ペリーはアメリカから大西洋廻りで嘉永六年四月に香港に着き、五月に上海を発《た》ったのだが（「四月」「五月」は新暦）、『漂流記談』によれば、音吉が「来月はアメリカ船が日本に行くことが決まっている」と話している。この時、音吉は、ペリー一行の内情を次のように述べている。

このたびは、まず南京の様子を見届けてから日本に行くつもりで、前月から軍艦十三艘を呼び揃え、集まり次第出発するつもりだったが、日本は「諸国にすぐれ勇気はげしき国柄」であり、各国はそれを「西洋などの摺り物」（編者は「ニューシペッパラ」即ち新聞紙のことだと注している）で見て知っている。その「武威」を承知しているため、日本に行けば打ち払われるに違いないというので、船は全く集まらない。しかし、アメリカの総督は是非日本に行きたいと決意しているので、もし十三艘も集まらなくとも、七艘なり八艘なり集めて、来月は日本に行きたいと決めている。

ペリーは実際には四艘の蒸気船に乗って来航したが、日本がそれによって「泰平の眠りをさます上喜撰（蒸気船）たった四杯で夜も眠れず」（もとの形は「太平のねむけをさます上喜撰たった四はいで夜もねられず」であるともいわれる）の狂歌で知られる混乱に陥ったことは有名である。日本は、正面から通商を求めたペリーの艦隊を、かつてのモリソン号のように打ち払うことはできず、ペリーは来年また返事を受け取りに来ると宣言して去って行った。

翌年正月、利七に再会した音吉は、その顚末について、「その儀は誠に何とも言いようのない次第である」と、ため息をつきながら、次のように語った。

あのアメリカ船は、十三艘を呼び集めたものの全く集まらなかった。日本に渡ることについては、諸国の人々もひそかにあざけり、「武勇無双の日本に踏み込むならば、利益を得ることなど思いもよらない。つまらないことをして危地に陥るようなことは、やめておいた方がよい」などと、申し合ったのだが、たとえ打ち払われて身は海の藻屑となるとしても、行かなくてはならないことになったので、決死の覚悟で日本に向かったのである。

ところが、思いがけず打ち払われることもなかったので、ペリーはその虚を突いて浦賀まで乗り入れ、傍若無人の振る舞いをした。そして、思う存分狼藉をして、来春早々返事を受け取りに来ると言って帰ったのだと述べて、次のように憤慨している。

もともと、今回の件は、ペリーたちは「日本の武威」を深く恐れていたわけだから、近海でただ一打ちに打ち払ってしまえば、再び日本に近寄ることもなかったはずである。それなのに、あのように穏便な対処をなさったのでは、これからどのようなことが起きないとも限らない。これにはきっと事情があるのだろうが、せっかくの機会を失ってしまったものだ。

音吉は、ペリーに対する日本の対応が軟弱だと怒り、外国人どもは日本の武威が恐ろしくてしかたないのだから、問答無用、武力をもって追い払ってしまえばよかったのだと言っているのである。

アメリカは日本の武威を恐れたか

後の時代から歴史を振り返る現代人の目から見れば、ペリーがそんなに日本の「武威」を恐れていたとは思えない。また、商船ならばともかく、蒸気船の軍艦で編成された西洋の艦隊は、日本が「ただ一打ちに」打ち払うことのできるような相手ではなかったことも明らかである。実際、その後、薩英戦争（一八六三年）や四国連合艦隊下関砲撃事件（一八六四年）によって、軍事的な実力の差は明らかになってゆく。しかし、ペリーが来航したばかりの時期には、直ちに打ち払えという意見が日本国内に多かったことも周知のとおりだろう。

とはいえ、攘夷の志士の言説であればともかく、世界を一周し、二十年も外国を見てきた漂流者がこのようなことを言っていたということに対しては、いささか奇異な印象を抱く読者もいるのではないだろうか。現代の歴史ドラマでは、外国を見てきた漂流者は、西洋の進んだ文明に接した体験から、日本はさまざまな面で遅れていて、このままでは外国に勝てない、開化が必要だと考えている――といった描き方がされがちである。しかし、実際には必ずしもそうとは限らなかったようなのである。

それにしても、音吉の自国認識には意外な印象を受けた読者もあるだろう。日本は「勇気はげしき」「武勇無双」の国であり、諸国はその「武威」を恐れているという理解、ただ一打ちに打ち払えば、ペリー艦隊など海の藻屑となってしまうはずだという確信は、どこから来たのだろうか。

それを確かめることは難しい。音吉は自分の著作などを残した人物ではなく、上海で出会った利七の回想によって断片的な言葉が残っているだけである。音吉自身の経歴として知られる事実も少ない。知り得る事実のなかから生じ得る一つの推測は、かつて自分自身の乗ったモリソン号が打ち払われた経験によって、日本が外国船を打ち払うことが可能だと認識していたといったことだろうか。だが、その経験だけで、日本が「勇気はげしき」「武勇無双」の国であるといった認識が生まれるだろうか。

日本が「勇気はげしき」国であるという認識は、三章1節で見た『吉野甚五左衛門覚書』の、「日本は神国なので、『神道猛勇の気』があり、『人の心の武きこと』は三国でも随一である」という記述を想起させる。そして、悲惨な失敗だった朝鮮出兵を、日本の「武威」を輝かした壮挙ととらえる言説が、「朝鮮軍記物」やその周辺の芸能の世界で、江戸時代を通じて一般化していったことも、見てきたとおりである。朝鮮出兵関係の書物や芸能はもちろん一例に過ぎないわけで、江戸時代にはさまざまな物語を通じて、「武国」

意識が庶民に浸透していったのではないか。尾張の水夫音吉が幕末に残した言葉は、そうしたことの結果だったのではないかと思われる。

武国意識と義経の物語

近世における「武国」意識の庶民への浸透について、また、それが近代へどうつながっていったかについて考える具体例として、次に義経入夷《にゅうい》説（義経が衣川で死なず、北海道へ渡ったという説）から義経ジンギスカン説への展開の問題を見ておきたい。

少し時間を遡るところから話を始めたい。一章2節で少しふれた、『御曹子島渡』という室町時代の御伽草子がある。若い頃、藤原秀衡《ひでひら》のもとにいた源義経が、千島の「かねひら大王」から兵法の秘伝の巻物「大日の法」を奪ってくる空想的な物語である。義経は、「千島の都」に着くと、大王の娘「あさひ天女」と恋仲になり、天女の助けで巻物を盗み出し、大王が遣わした追手からも、天女の教えによって逃れ、日本に帰る。その後、「大日の法」によって平家を滅ぼし、源氏の御代をもたらしたと語る。

これは義経の青年時代の物語であり、その後、日本に戻ってきたことを大前提とする話である。日本に戻らなければ平家を滅ぼして天下をとることはできないのだから当たり前のことであり、その意味では晩年の義経が平泉から北海道に逃げて生きのびたという入夷説とは全く異なるわけだが、しかし、義経入夷説が生まれる原因の一つは、この『御曹子島渡』にあった。

金田一京助などが明らかにしたように、『御曹子島渡』は語り物にもなって日本人によく親しまれた物語だったが、それが北海道にも伝わり、また、アイヌ民族の語り伝えた英雄神オキクルミなどの物語を義経のことと理解した和人（日本人）によって、アイヌ民族が義経を崇めているという話が作られていったようである。たとえば、松宮観山『蝦夷談筆記』（宝永七年〈一七一〇〉成立）には、次のような記述がある（松宮観山については三章2節参照）。

蝦夷の人は義経のことを「ウキグル」といい、弁慶はそのまま「べんけい」と呼ぶそうだ。義経は昔、この国の「はい」というところに渡り、蝦夷の大将の娘になじんで秘蔵の巻物を奪ったということを浄瑠璃に作り、彼らのなかで知恵のすぐれた者が語っているそうだ。

義経が蝦夷の大将の娘になじんで秘蔵の巻物を奪ったとは、まさに『御曹子島渡』の物語そのものだが、こうした物語がアイヌ民族の人々の口から語られていたというわけである。もっとも、この内容ならば、義経はその後日本に帰っていったという物語であっても差し支えないはずだが、日本人にとって、それは、義経が北海道で生きのびた証拠として受け止められてゆくのである。

蝦夷地への関心の高まり

そもそも、アイヌ民族がこうした物語を語っているという情報が江戸の知識人に書き留められたのはなぜだろうか。それは、一七世紀後半に、日本人の蝦夷地（北海道）への関心が高まったことによる。

大まかに言えば、中世までの日本人は、「日本」の北限・東限を基本的には佐渡島や津軽に置いていて、北海道という島については知識も乏しく、日本の国内とは見なしていなかった。それは、『御曹子島渡』が「千島」を空想的な異郷として描いていたことからも明らかだろう。しかし、江戸時代に入って松前藩が成立、次第に北海道の具体的な知識が伝わってきた。そして、寛文九年（一六六九）に起こったシャクシャインの乱により、蝦夷地の存在は急速に日本人に意識されるようになっていったのである。右に見た松宮観山『蝦夷談筆記』なども、そうした関心の表れの一つである。

そうした中で、林鵞峰らの編纂になる『続本朝通鑑《ほんちょうつがん》』（寛文十年〈一六七〇〉成立）は、義経の死を記した後、「俗伝に又曰く」として、「実は義経は衣川では死なず、逃げて蝦夷島に至った。その子孫がいると言われる」と付記している。これは『御曹子島渡』のような青年義経の物語ではなく、衣川から逃げ延びて蝦夷島で子孫を残したという説である。「俗伝」と断った付記ではあるが、儒学の中心であった林家の編んだ権威ある史書に、義経入夷説が取り込まれたわけである。

その後、新井白石『読史余論《とくしよろん》』（正徳二年〈一七一二〉草稿、享保九年〈一七二四〉跋）は、基本的には義経が衣川で死んだとしながらも、「世に伝ふ、此時義経死なずと」として、義経ほどの人物がむざむざと衣川で死んだはずはないという「不審」を書き連ね、「今も蝦夷の地に義経の家の跡があるという。また、蝦夷の人が祭るヲキクルミというのは義経のことで、義経が蝦夷の地へ行ったなどと言い伝えられている」と記しているのである。白石は、これを世間の俗説としながらも、むしろ義経入夷説を信じたがっているように見える。

林鵞峰や新井白石のような当時の最高峰というべき知識人がこうした「俗伝」を紹介し、あるいは肯定的に扱う背後には、通俗文芸の世界における義経入夷説の広がりがあった。たとえば、『異本義経記』や『義経知緒記《ちしょき》』は、いずれも室町時代の『義経記』とは別の書物で、義経に関する異説を多く取り込みつつ、おそらく一七世紀後半頃に成立したと見られるものだが、その中には、義経が蝦夷島に渡って島の司となり、義経大明神と崇められていると
いった説が紹介されている。

さらに、馬場信意《のぶのり》『義経勲功記』(正徳二年〈一七一二〉刊)では、常陸房海尊またの名を残夢仙人なる人物が、義経と共に蝦夷島で何百年も生きのびているという明らかに虚構の物語を記す。海尊らは人魚の肉を食ったために不死の身を得たというのである。「常陸房海尊」や「残夢仙人」とは、もともと何百年もの長寿を保つ老人が実際に見聞した話として昔の歴史を語る、八百比丘尼《やおびくに》などと呼ばれる語り手の類型であり、本来はそうした語り手が衣川における義経の死の有様を実見したと語る物語だったのだろうが、ここでは義経自身も仙人となって生きのびているという物語に変化し、いかにもフィクションないしファンタジーらしい様相を呈している。しかし、こうしたフィクションの俗伝が、義経は実際に蝦夷島に渡ったという入夷説を支えてゆくのである。

近松門左衛門の問題

こうした俗伝の発展や普及を具体的に追いかけた研究は既に多く、ここでつぶさにたどるつもりはない。だが、注意しておきたいのは、右の『異本義経記』などに見たように、義経が蝦夷島に渡って島の司となり、あるいは神として崇められたといった伝承である。そこでは、義経はただ蝦夷島に渡ったというよりも、蝦夷島を征服した英雄として語られている。こうした語り方には、「武国」日本の英雄が周辺地域に武威を輝かす物語という性格を見て取れるのではないだろうか。そうした通俗文芸の代表として、次に近松門左衛門「源義経将棊経《しょうぎきょう》」を取り上げてみたい（「棊」は「棋」の異体字で、「将棊」は将棋に同）。初演は正徳元年（一七一一）正月以前と推定されている作品である。

この作品の後半では、錦戸兄弟（藤原秀衡の子、国衡・泰衡）が義経を討とうと攻めてくるが、義経は自害したと見せて、弁慶と共に蝦夷島に向かう。錦戸兄弟は義経・弁慶の偽首を差し出して頼朝に立腹され、義経を討って蝦夷島の王となろうと追って来る。義経は錦戸兄弟の軍勢を片端から討ち取り、島人は義経を大明神と崇めた。そうして、

さてこそ源氏の繁昌は、大日本の外までも、隔てず変わらず退転なく、治まりなびく安全の国土の民こそ豊かなれ。

と結ばれるのである。

蝦夷島の人々にしてみれば、義経が逃げてこなければ錦戸兄弟も攻めてこなかったわけで、義経が錦戸兄弟を討ったからといってさほど感謝するいわれもないように感じられるが、作品の基本的な世界観として、日本の「武威」を輝かす英雄は、周辺の地域や国家を征服して治め、その地の人々に感謝されるということを自明の前提としている感がある。そうした考え方が見られるのは、この作品だけではない。

既に見てきたように、近松は、「本朝三国志」では加藤清正や小西行長が武勇によって

朝鮮を征服するさまを描いていたし（三章1節）、「国性爺合戦」では、日本生まれの国性爺（鄭成功）による明の復興を描いていた（三章2節）。そして、「国性爺合戦」の続編である「国性爺後日合戦」では、復興した明を国性爺が日本の支配下に置こうとしているのではないかと疑われる話が展開される。内裏造営や甘輝《かんき》将軍の結婚式などで日本風のやり方を主張する国性爺に対して、明の甘輝将軍は次のように述べる。

およそ敵を滅ぼし世を治めるといえば、その国の古いやり方を復活させるのがよい政治というものだ。あなた（国性爺）は、明の風習を改めて日本風の内裏や礼儀作法を持ち込もうとするから、「万民日本の武威に恐れ」、不安に陥るのも道理である。

そして、秀吉（作中では「兵吉」）の朝鮮出兵に触れて、人々の耳を切り取って耳塚を築いた「日本の神軍」の恐ろしさは、中国の民百姓も知らない者はないと述べる。だが、こうした批判を受けつつも、結局、国性爺は中国をうまく統治するのである。

近松の世界では、このように、「日本の武威」は近隣諸国に知れ渡っており、日本の英雄は近隣の諸国や地域を征服し、統治することが可能だという認識が示されているわけである（この点は、韓京子《ハンキョンジャ》に指摘がある）。

英雄渡航伝説

近世日本人のこうした認識は近松だけの問題ではなく、また、義経だけの問題でもない。北へ向かった義経の伝説と好一対として語られるのが、南に向かった源為朝である（最近、原田信男『義経伝説と為朝伝説』も刊行された）。

為朝については、保元の乱に敗れて伊豆大島に流された後、鬼ヶ島に渡ったという物語が鎌倉時代の半井本『保元物語』に見えるが、室町後期には、為朝は琉球に渡ったのだという説が見られるようになる。一六世紀前半に五山僧の月舟寿桂《げっしゅうじゅけい》が記した『幻雲文集』「鶴翁字銘幷序《かくおうじめいならびにじょ》」には、為朝は琉球に渡り、鬼神を使役して「創業主」となったのだという説が記されるのである。これは『保元物語』の「鬼ヶ島」を実在の琉球に当てはめた説といえようが、為朝が琉球の「創業主」なのだとすれば、琉球王家は源氏の子孫だということになり、琉球は日本の付庸《ふよう》（属国）だという主張にもつながる。とはいえ、月舟寿桂の場合、この説を主張したとはいえず、「まさに信ずべきか、まさに信ぜざるべきや」と、半信半疑の形で記したものである。

ところが、その後、慶長十四年（一六〇九）、薩摩の島津氏が琉球に侵攻する。薩摩に仕えた文之玄昌《ぶんしげんしょう》がその時に記した「討琉球詩序」にも若年の為朝が琉球を討伐したとする説が見える。そして、薩摩に武力で従えられた後、琉球は中国（明・清）と日本の双方に朝貢する苦しい立場を強いられる。

そうした中で、慶安三年（一六五〇）に成立した琉球の正史『中山世鑑《ちゅうざんせいかん》』は、為朝が琉球に渡来し、その子尊敦《そんとん》（舜天《しゅんてん》）が王朝を開いたとする説を史実として採用する（ただし、その前には長年にわたる天孫氏の王統があり、また、舜天王統は三代で絶えたとする）。編者の羽地朝秀《はねじちょうしゅう》（向象賢《しょうしょうけん》）は現実的な政治家であり、琉球に清和源氏の王統があったとすることで、源氏の子孫を称する徳川氏の幕府や島津氏の薩摩藩と対等の立場を主張する狙いがあったかともいわれる（渡辺匡一）。

為朝伝説にこめられた思いは、日本側と琉球側とで異なっていたかもしれないのだが、ともあれ、為朝が琉球を征服して王朝を開いたという説は次第に広まってゆく。文化四年（一八〇七）から同八年にかけて刊行された曲亭（滝沢）馬琴の『椿説弓張月《ちんせつゆみはりづき》』は、為朝が琉球に漂着して内乱を平定し、その後、子の舜天丸《すてまる》が王位に就くという内容の読本《よみほん》で、大人気を博した。読本は虚構を前提とした小説ではあるが、馬琴は多くの資料にあたって地理風俗に正確を期しており、拾遺巻一の序文では「小説とはいえ、故実を引用し正史に従ったものである」と主張している。この作品が、為朝は琉球の王祖であるとする説の普及に果たした役割は非常に大きかっただろう。それは同時に、日本の英雄が周辺諸国や地域を征服するという物語の普及でもある。なお、琉球征服については、目黒将史が指摘しているように、薩摩の側から琉球侵攻を描いた物語『薩琉軍記』が江戸時代に流布していたことも見逃せない。

さらに、これらに類するものとしては朝比奈三郎義秀の高麗渡航伝承もある。朝比奈（朝夷奈とも）は和田義盛の子で、大力で知られる。建保元年（一二一三）、父義盛が起こした反乱（和田合戦）で、将軍御所の惣門を打ち破って突入し、大奮戦したことで有名である。『吾妻鏡』では、和田方が敗れると、五百騎を引き連れて安房に向かったとも、討死したとも記している。この朝比奈が安房から高麗へ渡ったという説が、近世には語られる。最初の例として知られるのは林羅山『本朝神社考』（寛永二十一年〈一六四四〉頃までに成立）であり、その後、一八世紀初頭頃までに『日本百将伝抄』『続本朝通鑑』『和漢三才図会』『大日本史』等の文献に記される。それらによれば、朝比奈の勇猛に服した朝鮮の人々が、釜山に祠を建てて祀ったのだという。武力による征服という性格はやや薄いが、国内の合戦に敗れた英雄が、近隣地域で崇められるという構図は義経や為朝と同様である。

朝比奈は現代の知名度では義経や為朝とは比較にならないが、渡航伝承の発生時期は比較的早い。徳竹由明は、義経の蝦夷渡りが盛んに語られるようになったのは、先行していた為朝や朝比奈の伝承に触発されたものであろうと指摘している。義経入夷説の背景には、こうした近世日本の全般的な傾向が見て取れるわけである。

義経渡満説

さて、義経に話を戻そう。蝦夷へ渡ってアイヌの人々に神と崇められたという義経入夷説は、江戸時代中後期には義経が大陸に渡ったという渡満説へと展開してゆく。義経が蝦夷からさらに大陸に渡ったという説は、近世前期から一部には存在したようだが、一般化してゆくのは、享保二年（一七一七）刊の加藤謙斎『鎌倉実記』からだろう。同書は、『金史別本』なる書の「金史列将伝」に、義経が大陸に渡って金の将軍になったという記録があると主張した。金は女真族の国で、一二世紀後半には中国東北部（満洲地方）を中心に勢力を持ち、宋を圧迫したが、その後、元に滅ぼされた。義経が満洲地方に渡ったという意味で、義経渡満説などと呼ばれる。

だが、この『金史別本』が偽書であることはすぐに露顕した。義経入夷説には心を引かれていたように見える新井白石も、同書については一目で偽書とわかると憤っている。同書がその後、諸家の批判にさらされ、偽書制作の真相まで究明されたことについては、原田信男の要を得た整理がある。ところが、そうした合理的論証によって、この見るからにインチキな説が消えていったかといえば、そうではない。義経渡満説は、消えるどころか、ますます発展してゆくのである。

滕《とう》英勝著『通俗義経蝦夷軍談』は、明和五年（一七六八）刊の物語だが、冒頭の「凡例」に、義経は韃靼《だったん》に渡り、その子孫が今、中華を統一して国号を清と名づけたのは清和源氏の末裔だからであるなどと記している。三章2節でもふれたように、清は女真族の王朝だった。金と同じ民族である。『金史別本』を捏造した『鎌倉実記』が、義経は金の将軍となったとしていたのに対して、義経は清の皇帝の先祖だという説は、一段とバージョン・アップされた渡満説であるといえよう。こうした説が、通俗読物の中で発展し、さらにその「根拠」が捏造されてゆく。

森長見の随筆『国学忘貝《わすれがい》』は、天明三年（一七八三）序、同七年（一七八七）刊。巻下に、次のような内容の記述がある。

清が編集した『図書集成』と号する一万巻の書物がある。そのなかに『図書輯勘《しゅうかん》』百三十巻があり、その序を清の皇帝が自ら書いている。そのなかに、「朕の姓は源で、祖先は義経である。先祖が清和天皇から出ているゆえに国号を清というのだ」とある。

「清」とは清和帝の「清」であるというわけだ。

ただし、森長見は右の文に続けて、この「清帝自序」について、真偽は知らないと記し、また、『鎌倉実記』の『金史別本』にもふれて「その事実を知らず」と記しながらも、「義経を蝦夷地で祀ることはあるらしい」などと義経渡満説に肯定的な記述を続け、結局、今の清が義経の後胤《こういん》であるならば、義経が中国を掌握したとは「実に快然たる事」であると、この記事を結んでいる。

この『図書輯勘』（『図書輯勘録』とも）も、もちろん捏造であった。『図書集成』（『古今図書集成』）は実在するが、その中に『図書輯勘』はなく、清の皇帝の序ももちろんでっち上げだったのである。森長見自身が捏造したのかどうか、筆者は確認できていないが、虚説というものは、このように「事実かどうかはわからないが、事実だとすれば面白い」などという知識人の言説と、虚構を前提とした庶民向けの通俗文芸とが、からみ合いつつ発展してゆくのであろう。知識人も含めて、人はしばしば、真実よりも、信じたいこと、そうであってほしいことを信じるのである。

『図書輯勘』が偽物であることは、間もなく多くの学者によって検証される。しかし、義経が清の王家の先祖だという説はその後も跡を絶たなかった。たとえば、橘南谿《たちばななんけい》（橘春暉《はるあきら》。一七五三～一八〇五）の著書で、著者没後に出版された『北窓瑣談《ほくそうさだん》』後編巻一には、中国の『大清会典《だいしんえてん》』に、今の清王朝は義経の末裔だと書いてあり、その本は、「長崎の唐通事神代氏《かみようじ》」のもとにあり、「神代の子息太仲《たちゆう》」が常々見ていたという噂を記す。明らかに右の『図書輯勘』による説の焼き直しである（『大清会典』は清代に編纂された総合法典）。もっとも、橘南谿はこれを「畢竟は浮説なるべし」（しょせんはデマだろう）と一蹴している。さらに、その後、かつて『大清会典』を所持していたという文人の木村兼葭堂《けんかどう》に、同書にそんな記事はないと確認したと、ダメ押しもしている。とはいえ、橘南谿と木村兼葭堂の間でそんな会話が交わされるほど、そうした噂が流布していたことは事実なのである。

義経ジンギスカン説の登場

このような義経渡満説の延長上に生まれたのが、義経ジンギスカン説である。義経ジンギスカン説が最初に見えるのは、嘉永三年（一八五〇）の序のある永楽舎一水の『義経蝦夷軍談』であるとされる。島津久基の紹介によれば、同書は、その序に義経は蝦夷から満洲に渡り、「鉄木真」（テムジン）あるいは「成吉忠汗《ママ》」（ジンギスカン）と名を改めて韃靼を従えて国号を元と号し、さらにその子孫が清王朝を開いたなどと書かれているというが、現在は所在不明である（前掲の『通俗義経蝦夷軍談』とは別の書）。

ほぼ同時期に、幕末に来日したシーボルトもジンギスカン説を唱えた。といっても、シーボルトは、オランダ帰国中の一八五二年に執筆した大著『日本』の中で、若干の注記として書いたもので、通訳の吉尾忠次郎に聞いた話に基づきつつ、両者の年齢が近いことや白旗を用いることなど、わずかな論拠による覚書に過ぎない。だが、その後、再来日した際には、この説を吹聴《ふいちょう》したようである（松浦武四郎『西蝦夷日誌』二編）。

『義経再興記』表紙

　この説が本格的に広まるのは、明治十八年（一八八五）刊の『義経再興記』からであろう。同書は、政治家・文筆家として著名な末松謙澄が、ロンドン滞在中に英語で出版したものを、内田弥八が翻訳して刊行したものとされる。山岡鉄舟が題字を寄せ、表紙には「内田弥八訳述・山岡鉄舟題字」と謳《うた》うが、末松謙澄の名はない。序文の中では「一英書」を訳したのだとするが、原書の著者も題名もなく「訳述」者だけが記されるという、不可思議な書物である。

　内容的にも奇妙なもので、「ジンギスカン」は源義経の音読み「ゲンギケイ」の訛りであるとか、ジンギスカンの父「エゾカイ」は義経が渡った「蝦夷の海」を意味するなどといった語呂合わせが多く、なかには、満洲人の髪を剃る習俗は弁慶など義経に随行した僧を真似したものかなどという珍妙な思いつきもある。およそまともな考察というにはほど遠いものだが、この書は版を重ね、よく売れたようである。

　このような書物が書かれ、流布する背景には、アジアのなかで日本だけが西洋に比肩できるすぐれた国であると西洋人に認めさせたい、あるいは日本人自身がそう信じ込みたいという欲求があろう。『義経再興記』の末尾は、次のような文で結ばれる。

私の説、即ち、ジンギスカンは定住もしない「猛悪の蛮族」のなかから出たのではないという説が確定すれば、あのような英雄豪傑は、文明の進歩に伴って、鮮血を流し、火炎の中に死ぬような殺戮がなければ決して現れてこないという哲理もまた確定するであろう。

この文の後半は、同書第二章で、アレキサンダーやナポレオン等々の英雄は、すぐれた民族が流血の激しい戦いを展開する中から出てくるものだと述べているのを受けたものである。つまり、ジンギスカンのような英雄は、モンゴル人のような野蛮な遊牧民族ではなく、日本人のような文明の進んだ民族が、激しい戦いを展開する中で生み出すのだというのである。今から見れば情けなくなるほど愚劣な議論だが、脱亜入欧に必死だった当時の日本人としては、このような愚説によってでも、日本人が西洋に並ぶ「文明」的民族だと信じ込みたかったのだろうかと思えば、いささかせつないものがある。

義経ジンギスカン説と小谷部全一郎

ジンギスカンは義経であるという説は、現在でも、本気にはしないけれども聞いたこと

笹竜胆紋（『成吉思汗ハ源義経也』表紙より）

はある、という人が多い。この荒唐無稽な説を有名にした最大の原因は、冨山房から大正十三年（一九二四）に刊行され、大ベストセラーとなった、小谷部全一郎『成吉思汗ハ源義経也』である。

　同書は、巻頭に中尊寺所蔵の義経木像やジンギスカンの肖像画、蒙古などの人々や風景、あるいは満蒙（満洲・蒙古）を旅行した際の護照（旅券）などの写真をふんだんに配した、当時としては豪華な、また、著者自身が実際に中国東北部を現地調査したことを示す作り方になっている。そこから、小谷部の情熱が伝わってくることは確かである。

　また、たとえば、表紙には笹竜胆《ささりんどう》の紋が刻印されている。これは義経の使用した紋というつもりであろう。第七章の、ハバロフスクには「日本式の神社」があり、そこでは「笹竜胆の紋ある日本式の甲冑を着けたる武者の人形」が御神体とされているという話に対応する。しかし、それは、神社にひそかに忍び込んで御神体を実見したという人物の話を聞いたものに過ぎない。そもそも、清和源氏が笹竜胆の紋を用いたというのは後代の俗説に過ぎず、義経はこの紋を用いていないというのが、当時既に定説であった。もし万一、笹竜胆に似た紋章が本当に大陸で発見されたとしても、それは義経と関連づける証拠にはならないわけである。

同書の挙げる論拠は、「ジンギスカン」は「ゲンギケイ」であるという先行説の継承も、笹竜胆の件のような新たな提示も、いずれも学問的・客観的な考証にははるかに遠いものばかりである。もちろん、学者たちは直ちにさまざまな観点から強く反論したが、小谷部は聞く耳を持たなかった。金田一京助が述べたように、小谷部の態度は「まず結論を信じて、此に合う都合の好い事実を都合の好いように解釈して採用」するものであり、「論述に客観性を与」えるということは考えていない、要するに、「義経信仰」の告白なのであった。では、その情熱はどこから来ていたのだろうか。

小谷部全一郎は秋田の豪族白鳥氏の末裔といわれ、刻苦勉励してアメリカに留学し、陸軍通訳官となり、満洲やシベリアを精力的に調査した。その情熱は、森村宗冬が指摘しているように、「自己肥大化」の欲求であると言ってもよいだろう。ただし、それが大ベストセラーとなったのは、多くの国民が小谷部の情熱に共感したためである。その共感はなぜ生まれたか。この書の末尾には、次のようにある。

かつてジンギスカン即ち源義経を産み出した「我が神洲」は、現在のアジアの危機を対岸の火事のように眺めていて良いのか。ジンギスカン第二世が、旭日昇天の勢いをもって再び日東の国より出現するのは、大アジアの存亡の時であろう。

小谷部にとってジンギスカンとは、白人を圧倒し、世界に一大帝国を打ち立てたアジアの英雄であった。それが実は日本人源義経であったなら、国際情勢が緊迫している今、日本から再び英雄が現れ、アジアを席捲し、白人を駆逐して、世界的規模の帝国を打ち立てるのではないか。こうした思いが、当時の日本人の心を揺さぶったのである。

この書が出版される十年前にあたる一九一四年には第一次世界大戦が始まり、その翌年に、日本は中国政府に二十一ヶ条要求を出す。一九一八年にはシベリア出兵が始まり、日本は大陸への野望を露わにしていた。そうした中で、武力でアジアを制圧する英雄の物語が求められたことはわかりやすい。それは、近隣地域を征服する英雄という、江戸時代を通じて語られ続けてきた物語の延長上にあるわけだが、かつての空想的な夢物語とは異なり、小谷部の義経ジンギスカン説は、眼前の国際情勢と不即不離のものであり、現実の戦いへの情熱をかき立てる物語だったのである。

このように、義経の物語は、近世から近代にかけて、「武国」日本の英雄が近隣諸地域を征服する物語として成長・発展を続け、知識人から一般庶民まで、日本国民総体に影響を与え続けた。そして、義経の物語に限らず、多くの通俗文芸や芸能が、日本は「武国」

であると、国民に信じ込ませる役割を果たしたのである。漂流者音吉の「武国」意識の背景にも、このようにしてできあがった国民常識を考えるべきではないだろうか。

2　幕末維新期の「武国」論

吉田松陰の「武国」意識

さて、義経の物語の近世から近代への展開を追っているうちに、一気に時代を飛び越えて大正後半まで来てしまったが、再び時間を遡りたい。「武国」論の近世から近代への接続を考えるために、まずは幕末維新期について見てみよう。

明治維新に影響力を持った思想家といえば、まずは吉田松陰（一八三〇〜五九）を挙げねばなるまい。吉田松陰も一種の「武国」論者であった。それが最初に見られるのは、嘉永五年（一八五二）の六、七月頃に記したと見られる「来原《くるはら》良三に復する書」（『吉田松陰全集』では『詩文拾遺』所収）であろう。

それによれば、前年冬に出発した東北旅行の中で、水戸において会沢正志斎・豊田彦二郎らと談話の機会を得た松陰は、歴史を学ぶ必要を痛感し、六国史（『日本書紀』から『日本三代実録』までの六つの官撰国史）を読んだ。そして、昔の「聖天子」が「蛮夷」を帰服させてきた歴史こそが、「皇国の皇国たるゆえん」であると感嘆したという。この書の中で、日本国家の始源を「皇朝、武をもって国を立つ」ととらえているのは、会沢正志斎『新論』「国体・中」が、「天朝」（日本）が武をもって国を建てたと述べていたこと（三章2節参照）に影響されたものであろう。かつて朝鮮半島に支配権を持っていた日本が次第に弱体化したとする歴史観も、『新論』に類似する。

同書は、その後の日本は、新羅や蒙古の襲来は退けたものの、周辺地域に武威を振るうことはなかったとする。古代のような武威を失ったと見るわけで、やはり「武」の下降史観である。しかし、その中で例外的に高く評価されるのが秀吉の朝鮮出兵である。松陰は秀吉を讃美し、その勢いはまさに古を回復しようとするほどだったが、秀吉が死んで「大業」が続かなかったのは惜しむべきであるとする。周辺地域に武威を振るうことこそ日本本来の姿だと考え、秀吉はその姿を取り戻しかけたが、途中で死んでしまったために挫折したと見るわけである。

実際には、朝鮮出兵は秀吉の死によって挫折したわけではなく、そもそも惨憺たる失敗だったが、にもかかわらず、その後には名誉ある歴史として語られた。それは三章1節に見たとおりだが、松陰の目には、近隣諸国を従えようとしたことが「武国」本来の面目を取り戻そうとした壮挙と映っていたわけである。

ところが、そうした壮挙は秀吉に見られたのみで、その後の日本は全く衰えてしまい、最近では日本列島に迫ってくる西洋列強に対しても全く手出しができない。「国威の衰頽《すいたい》、未だ曾《かつ》て有らざる所なり」と、松陰は嘆いている。

「急務策一則」の危機意識

翌嘉永六年（一八五三）に書かれた「急務策一則」でも、冒頭に「皇朝、武をもって基を建て」、「四夷百蛮」を帰服させてきたのが日本の「国体」であったが、「中世」以来「武臣」が権力を奪って国体が乱れてきたとする。本来は朝廷が直接に軍事を統括していたのに、武家政権ができてからは群雄が割拠するようになり、国家の軍事力が弱くなったとする歴史観は、会沢正志斎の『新論』と類似する。

そして、近年は「区々の海賊」によって軽侮されている、これは一体何事か、と憤る。「区々」はつまらない、とるにたりない意。「海賊」とは、同年六月に浦賀に来航したアメリカのペリーや、七月に長崎に来航したロシアのプチャーチンを指している。こんな者たちに軽んじられているのは「開闢以来未曾有《みぞう》の国辱」であり、「皇国に生まれたる者」は何とかして「皇朝の武、古《いにしえ》に復すること」を考えるべきだというのである。

このように、吉田松陰の「武国」意識は、かつての日本を強力な「武国」であったと想像する一方、現実の日本はそうした「古《いにしえ》」の姿とは対照的な非常に弱い国になってしまったという危機意識につながっている点が特徴的である。日本が「武国」だからといって、異国船など「ただ一打ちに打ち払ってしまえ」などとは、もちろん言わない。それが容易でないことは松陰にはよくわかっていたのである。

「急務策一則」は、まず大阪から紀伊国（和歌山県）及び若狭国（福井県）の海岸線の防備を固めて近畿地方を外国に奪われないようにし、その後、全国の防衛を完備してゆけば、「海賊」をうち懲らすことができる、そうすれば「皇道」を明らかにして「国体」を建て、「皇朝の武」を「古に復する」ことができるだろうと結ばれている。これは献策として書かれているので、末尾は明るい展望のようにも見えるが、おそらく実際には、これを書いた時点でも松陰はそう楽観的ではなかったはずである。

これを書いた翌年の嘉永七年（安政元年。一八五四）三月、松陰は、アメリカへの密航を企て、失敗する。再来日して伊豆の下田に停泊していたペリー艦隊のポーハタン号に、松陰は夜陰にまぎれて小舟で乗りつけ、「この船に同乗してアメリカへ行きたい」と申し出た。しかし、拒絶されて下田で自首し、投獄されるのである。前年にはペリーの船を

「区々の海賊」と呼んだ松陰だったが、「武国」日本の本来の面目を取り戻すためには、その「海賊」に懇願してでもアメリカに渡り、その軍事力を学ばねばならない——そう思いつめるほどに、その危機意識は強かったといえよう。

日本は「武国」だという意識を持つ者のなかにも、「日本は現在も強いのだから異国など直ちに打ち払え」と考える者もあれば、「かつての強い日本を取り戻すためには異国にも学ばねばならない」と考える者もあったわけである。

『幽囚録』の歴史観

密航に失敗して投獄された松陰は、その年（安政元年〈一八五四〉）の晩秋に江戸から萩の野山獄に移され、そこで『幽囚録』を書いた。密航失敗に至った経緯を説明しつつ、その背景として、日本の置かれた状況や外交史について述べたものである。

同書においても、松陰は、次のように述べる。

古代、「神聖」（天皇）は、常に雄大な計略を持ち、「三韓」を駆使し、「蝦夷」を「開墾」なさった。もとより「四夷」を統括し、「八荒《はっこう》」（国の八方の遠い果て）を併呑しようという志があった。

日本は、古くから近隣の民族を征服し、世界を制覇しようとしてきたのだという歴史観なのである。

「三韓」云々は神功皇后説話などを意識したものであろう。『幽囚録』では、その他にも『日本書紀』に見える朝鮮半島関係の記事を多く拾い出しており、『日本書紀』を信頼する限りは、こうした歴史観が形成されるのも無理はないと思わせるものがある。

しかし、「蝦夷」の「開墾」については、根拠となる記事を『幽囚録』の中にはほとんど見出すことができない。「蝦夷」にふれる記事としては、景行天皇条のヤマトタケル東征、応神天皇三年条の「東蝦夷」朝貢、皇極天皇元年条の「越の蝦夷内附《ないふ》」が記されるのみであり、それらは『日本書紀』に対応するものではあるが、いずれも「蝦夷」の「開墾」を示す記事とは言い難い。おそらく、北海道の統治が問題となっていた情勢に引きつけて、『日本書紀』の記事から想像をふくらませたものだろう。

松陰の場合、「天瓊矛《あめのぬぼこ》」「細戈千足国《くわしほこちたるのくに》」などといった「武国」の神話的起源には興味を示さないようだが、史書を現在の情勢分析や自己の歴史観に引きつけて恣意的に解釈しようとする姿勢があることは否定できない。その結果、歴史を創作しようとしているかのように見える場合もあるわけである。

『幽囚録』と近代日本

『幽囚録』は続ける。今や、蒸気船によって遠洋の航海が容易な時代となったので、日本の状況は、アメリカ、ロシア、オーストラリアなど、さらにはヨーロッパ諸国を視野に入れて論じねばならないとする。そうした情勢のもと、迫り来る他国からこの国を守ろうとすれば、あるいはかつての雄大な国を取り戻そうとすれば、軍備を充実して近隣の諸地域を征服せねばならないと松陰は述べる。

今、直ちに軍備を充実し、軍艦や大砲が完備したら、まずは北海道を開墾して諸大名を移住させ、隙に乗じてカムチャツカやオホーツクを奪い、琉球を諭《さと》して国内の諸大名と同じ立場とし、朝鮮を攻めて古代のように朝貢させ、北は満洲の地を占領し、南は台湾やフィリピンの諸島を我が物として、次第に進取の勢いを示すべきである。その上で、民を愛し士を養って、辺境をしっかりと守るならば、よく国を保つことができるだろう。

松陰の意識としては、これはあくまで国防、防衛の問題である。しかし、古今東西の侵略戦争が、主観的あるいは名目的にはしばしば防衛戦争として起こされていることは周知のとおりであり、この策が実行に移されたら客観的には侵略戦争にあたることも明らかであろう。そして実際、その策が、明治維新を担った彼の教え子たちや、さらにその後輩たちによって実行に移されてゆくことはいうまでもない。

もっとも、松陰がこのような策をずっと説き続けたとは必ずしもいえない。彼が野山獄を出て松下村塾を開いた後、安政五年（一八五八）に記した「対策一道」（『戊午《ぼご》幽室文稿』下）では、次のように述べている。

およそ日本の民は、身分にかかわらず推薦抜擢して「軍帥」「舶司」とし、大艦を建造して海戦を習練し、日本近海を航海して海に習熟してから朝鮮や満洲、清国へ赴き、あるいは広東・ジャカルタ・喜望峰・オーストラリアなどに館を設けて将士を置き、各地の情報を集め、また交易をすべきである。これはおおよそ三年でできるだろう。その後、カリフォルニアを訪ねて和親条約を結ぶのがよい。

松陰は、ここでも軍事力の充実を主張してはいるが、近隣諸地域を直ちに軍事力で征服しようというのではなく、平和的な情報収集や交易に重点を置いた策を提言している。松陰自身、直ちにとるべき具体策については、時期によって主張の方向が揺れることもあったのだろう。それは現実政治に関わる判断としては当然のことである。

だが、当面の策については揺れがあったにせよ、国力充実をはかろうとする松陰の思想の根深いところに、かつて近隣諸国に威を振るった「皇朝の武」を「古に復する」という発想があったことは注意しておかねばなるまい。近代日本がとった政策も、時によって揺れはありつつも、根本的な発想としては、どこかに松陰と同様の「武国」論的な観念を抱え続けたと考えられるからである。

尊皇の志士・平野国臣

幕末の人物をもう一人、見ておきたい。平野国臣（一八二八〜六四）は、吉田松陰と同時代の人物で、やはり会沢正志斎『新論』に感化された尊皇攘夷の志士であった。福岡藩士だったが、安政五年（一八五八）脱藩して上京、西郷隆盛らと交わりがあった。尊皇攘夷派として各地で活動し、文久三年（一八六三）には天誅組に呼応した挙兵を計画するが、果たさずに捕らえられ、翌年、新撰組の手で処刑された。尊攘派の典型的な志士といえよう。

その平野国臣が捕らえられる前年の文久二年に著した短い文章が『征寇説』である。同書は、「志や策が大きくなければ、大きな成果は上げられない。尊皇攘夷の志士たちも、目前の海防を論じているだけではいけない」と述べて、歴史を振り返る。

まず上代をかえりみると、神功皇后や斉明天皇のように女性でも外国を征した（斉明天皇は朝鮮半島に百済救援軍を派遣した）。それが「神州の皇風」であったという。しかし、その後、それは衰えた。なぜか。平野は言う。

後世、仏を信じて神を疎《うと》んじ、文芸を尊んで武事を卑しみ、「矛滴細戈《ぼうてきさいか》の国体」が失われてしまった。それにより、王室はついに衰え、兵権は臣下に帰し、朝廷と幕府が並び立ち、尊厳が二つに分かれてしまって、天朝の衰弱は日を追ってますますきわまったのである。

「矛滴細戈」とは何か。「矛滴」とは「天瓊矛《あめのぬぼこ》」の滴り、「細戈」とは「細戈千足国《くわしほこちたるのくに》」を指す。三章2節でいやというほど見てきた「武国」の神話的起源であり、こうした省略表現でも通じるほど、この言葉が一般化していたことがわかる。平野国臣もまた、「武国」の神話的起源を日本の原点に置いていたのであった。

日本は本来「武国」だったのに、仏教を信じ、文芸を尊んだために衰えた——という歴史観も、三章でもうおなじみの「武」の下降史観である。皇室への尊崇が衰え、「兵権が臣下に帰した」という点を衰弱の重要な原因とする点は、先にふれた吉田松陰「急務策一則」などにも共通する考え方である（類似の内容は吉田松陰『武教全書講録』「言語応対」項にも見られる）。

そして、『征寇説』は、「徳川氏に至って平和を称し、三百年が経とうとしている。その中で人々は安楽な生活に慣れ、武家は驕り、国体は次第に弱くなってしまった」と述べる。江戸の泰平による「武」の弱体化という指摘は、会沢正志斎『新論』にも通じるし、また素朴な実感によるものでもあろう。

「武国」論と明治維新

幕末の危機は、このようにナショナリズムを伴って「武国」論を奮い起こした。西洋列強に対抗する「武」が求められたわけで、その現実的方策として、西洋の国々のような最新の武器やそれに合った戦術を整備することが必要とされたことは、吉田松陰についても見たとおりだが、平野国臣としては、「武器や戦術だけではいけない。戦いを支える精神的な根拠として、日本が『武国』であるという歴史認識が必要だ」と考えたものであろう。そうした意味で「武国」を強調する点は、吉田松陰よりも平野国臣の方が顕著であるといえよう。

『征寇説』はさらに言う。

三千万余りの日本国民は、一致団結して外国の侵略に備えねばならない。そして、二千年の昔に戻って、四海万国をめぐり、遠い外国をも「嚇伏《かくふく》」して、世界中に「皇威」を輝かさねばならない。それから堅く国を鎖し、永遠に侵略に対する備えを忘れないようにする。それで初めて外国による侵略を防ぐことができるのである。

外国の侵略を防ぐには、ただ守っているだけではいけない。一度、世界中に日本の強さを見せつけることが必要であり、その後でもう一度鎖国すればよいのだというわけである。

その際、日本の強さを見せつけることを「二千年の昔に戻」ることと位置づけているのは注目すべきである。国防のために「皇朝の武、古《いにしえ》に復すること」を目指した吉田松陰と、この点は同様であるといえるだろう。

平野国臣は思想家でも教育者でもなく、吉田松陰に比べれば、次の世代への影響力は少なかったと見られる。だが、明治維新を成し遂げた人々は、平野の同志たちだった。もちろん、彼らは間もなく攘夷論をあっさり捨てて、西洋文明の導入に邁進《まいしん》することになるのだが、彼らが若い頃に『征寇説』のような発想を共有していたことを忘れてはなるまい。

吉田松陰や平野国臣の著作に共有されている歴史観は、明治新政府を率いた政治家たちにも多かれ少なかれ共有されていたと見るのが妥当だろう。そして、それはおそらく歴史観だけの問題ではあるまい。歴史観は、いつの時代も、現実的な方針を根本で規定しているはずである。

3 「武国」論と「軍国」日本

軍制改革と『軍人勅諭』

さて、明治新政府は、軍制改革を急速に推し進めた。明治四年（一八七一）には薩長土三藩から集めた合計一万人の兵で中央直轄の軍を編成し、翌五年には陸軍省と海軍省を置き、同六年には徴兵令を制定した。こうして創出した新たな国家の軍隊は、明治十年（一八七七）には西南戦争で薩摩の士族を打ち破るわけである。

このような、武力を諸藩の武士階級に頼る体制から、全国を統括する国民皆兵の軍隊制度への転換は、西洋式軍制を導入したものではあるが、一面では、民がこぞって兵となり、勅命を奉じて戦うという、会沢正志斎の理想の実現であったともいえよう。また、西南戦争以前に、明治七年には台湾出兵（当時の呼称は「征台の役」）、同八年には江華島事件があったし、そもそも西郷隆盛が下野するきっかけは征韓論の挫折であった。吉田松陰が献策したような近隣地域への進出への方向は、早くも示されていたといえよう。

そうした中で、明治十五年（一八八二）一月四日、軍人に対して明治天皇の勅諭が下された。「軍人訓誡ノ勅諭」、いわゆる『軍人勅諭』である。その草案は山県有朋の命を受けて西周《にしあまね》が起草したものだが、山県有朋は内容修正を働きかけ、その意を受けた福地源一郎（桜痴）が修辞的な問題も含めて文章を大きく改め、さらに、井上毅《こわし》・箕輪醇《みのわじゅん》らも修正に関わったという（梅溪昇）。

『軍人勅諭』は、「我国の軍隊は世々天皇の統率し給ふ所にぞある」から始まる前文と、「軍人は忠節を尽くすを本分とすべし」「軍人は礼儀を正しくすべし」「軍人は武勇を尚《たふと》ぶべし」「軍人は信義を重んずべし」「軍人は質素を旨とすべし」と、各々始まる五ヶ条からなる。

その前文に当たる部分では、かつて神武天皇に始まる古代の兵制では、「天皇躬《み》づから軍隊を率ゐ給ふ御制」で、「兵権を臣下に委ね給ふこと」はなかったが、「中世に至りて」、「唐国風」の制度を取り入れた結果、「朝廷の政務も漸《やうやく》文弱に流れ」、やがて「兵馬の権」は「武士どもの棟梁たる者に帰し」たと述べている。

『軍人勅諭』の歴史観

このような『軍人勅諭』の歴史観は、三章2節で見てきた近世の「武国」論と基本的に同じである。とりわけ、会沢正志斎『新論』が「国体・中」の章において、かつては天皇が「天神」の命を受けて兵を率いていたのに、その体制が崩れ、鎌倉幕府や室町幕府が「兵権」を統率したところ、「豪族・大姓」が各地に割拠し、兵力が分散して国家が弱体化したと述べている歴史観に、ごく近いといえるだろう。さらに、吉田松陰「急務策一則」

が、「中世このかた武臣権を偸《ぬす》み、皇道明らかならず国体建たず」などと述べ、平野国臣『征寇説』が、日本の衰弱を「王室はついに衰え、兵権は臣下に帰し」云々と描いていたことなどに、字句レベルでも重なる。

「兵権」を「臣下に委ねる」ことへの警戒は、『軍人勅諭』が書かれた時期の状況から見れば、自由民権運動の高まりの中で、軍隊を議会から分離して、天皇親率の軍を創り出そうとした企図から出たものと見られようが、そうした考え方は、根本的には「武国」論的な歴史観によって支えられていたといってもよいだろう。

梅渓昇によれば、『軍人勅諭』を起草した西周は近代的・合理的な思想を保持していたが、西の稿に飽き足らない山県有朋や福地源一郎が、絶対主義的な国体観・天皇観を盛り込んだとされる。だが、前文に見るような、近世から引き継がれた「武国」的歴史観は、西の起草した「勅諭稿」の段階においても既に、

古《いにしえ》は、天皇親征でない場合も、皇后や皇太子が代わって軍を率い、決して「兵権」を臣下に委譲しなかったが、中古以来、他に模倣するところがあって、「衛士や防人の制」ができ、兵を募るようになり、さらには兵権が臣下に移って、全く武臣の手に落ちるに至った。（梅渓の翻刻による「勅諭稿」本文に基づく要約）

などと、基本的には同内容が記されているのである（類似の表現は、明治五年の「徴兵令制

定の詔」に既に見られる)。

西周は西洋の学問を日本に導入し、日本における近代哲学の元祖のような存在である(「哲学」の訳語そのものも西の創始とされる)。山県有朋などに比べて、相対的には近代的・合理的な思想を持っていたことは間違いないだろう。しかし、その西においても、「武国」論的な歴史観は共有されていたと見るべきではないか。

『勅諭衍義』と「武国」神話

『軍人勅諭』を理解する上で重要なのが、その注釈書『勅諭衍義《えんぎ》』である。『軍人勅諭』が下された翌年(明治十六年〈一八八三〉)に出版されたものである。著者の近藤真琴は鳥羽藩士出身の洋学者で、海軍一等教官を務め、明治十九年に没した人物という。『武士道全書』第一巻解説は、「勅諭の解釈としては、これに優れるものはおそらくはあるまい」としている。その内容は、『軍人勅諭』そのものの精神を敷衍《ふえん》したものと見てよいだろう。

『勅諭衍義』は、『軍人勅諭』の一文ごとに詳しい注釈を施したものだが、まず、前文冒頭「我国の軍隊は世々天皇の統率し給ふ所にぞある」に対しては、「大日本史に曰く」として、「伊弉諾尊、伊弉冉尊、瓊矛を執りて、八洲を画したまひて、尚武の象あらはる」とし、続けて天孫降臨の際に宝剣を伝えたことにより「尚武の道」が明らかとなり、神武天皇が諸国を平定して即位したことによって「尚武の訓」が定まったとする。日本が「尚武」の国であるゆえんを神話によって説くわけである。

「大日本史に曰く」とあるのは、水戸藩で作られた『大日本史』の巻三百五十・兵志第一の文を引いたものである。「八洲を画したまひて」とあるのは、瓊矛の先からしたたる潮が固まってオノゴロ島ができたという本来の『日本書紀』の記述とは微妙に異なるが、それは『大日本史』によったためである。いずれにせよ、天瓊矛によって「尚武の象」が明らかとなったというのは、三章2節で見てきた「武国」神話と軌を一にするものといってよかろう。『軍人勅諭』の最初の文の注釈は、このように、近世に盛んに説かれた「天瓊矛」神話から始まるわけである。

そして、「軍人は武勇を尚ぶべし」に始まる第三条、「夫《それ》武勇は我国にては古《いにしへ》よりいとも貴べる所なれば、我国の臣民たらんもの、武勇なくては叶ふまじ」に対する注釈では、次のように述べる。

本邦が尚武を国是としていることは、概略を最初に述べたとおりである（右の前文冒頭の注釈を承《う》けた記述だろう——引用者）。本邦は一名「細戈千足国《くわしほこちたるのくに》」ともいって、民の俗は古くから義を尊び、事に臨んでは身を顧みず、勇敢さを競ってきた。今日に至っても、名を重んじ恥を知り、「勇決果敢」、逃げようとする心が少しもないのを「大和魂」というのである。

やはり、「天瓊矛」論を受けて「細戈千足国」の記述が展開されるわけである。近代日本の軍制は西洋の軍事技術を移入したものではあったが、それを支えていた精神は、近世に創られた神話を含む「武国」論であったといってよいだろう。

ついでにいえば、「大和魂」は、平安時代には学問らしい学問（漢才《からざえ》）に対して、実務能力や気配りの能力などをいう言葉で、むしろ「女ごころ」に近いともいわれる（斎藤正二）。それが命を惜しまない勇敢さなどといった意味で用いられるようになるのも、江戸後期のことと見られる。『勅諭衍義』はそのような江戸時代、特に江戸後期の「武国」論的な言説を吸収して書かれているのである。『軍人勅諭』そのものについても、全く同様のことがいえるだろう。

近代「武士道」論と「武国」論

「天瓊矛」「細戈千足国」の「武国」神話が、『軍人勅諭』『勅諭衍義』の世界でも重要な位置を占めていたことを見てきた。西洋の軍事理論を取り入れて編成された近代軍隊が、実は「武国」論的な歴史観によって支えられていたわけだが、それは軍隊だけの問題ではない。歴史学や哲学といった、国家の根幹を規定する学問においても、西洋の人文科学を体系的に取り入れてゆく中に、「武国」神話は生き続けた。

それが顕著に見られるのは、いわゆる「武士道」論の領域である。「武士道」については、二章3節で、『甲陽軍鑑』などにおけるこの言葉が、公家的な「文」に対置される粗野で殺伐とした男臭い「道」の表現であったことを見てきた。また、三章3節では近世の儒学との関係についてふれた。中世極末期に誕生したと見られる「武士道」は、近世にはさほど多く使われる言葉ではないが、中世の荒々しい戦闘精神を表す言葉として、儒教的な「士道」と時には習合し、時には反発し合いつつ、生きのびたようである。

そうした中で、「武士道」という言葉が表現していたのは、主に武士らしい勇ましい振る舞いや、名誉にこだわる行動などといった意味であって、道徳や思想というほどのものではなかった。ただし、一九世紀には用例の数も増え、倫理・道徳にも関わる言葉として、一般化していった様子がうかがえる（以上については佐伯真一『戦場の精神史』及び「「武士道」研究の現在」参照）。

そうした流れを受けて、明治後期には、道徳を意味する言葉として新たに生まれ変わった「武士道」論が流行を始める。「武士道」が、日本人全体によく知られた道徳的概念になってゆくのは、二〇世紀のことである。

そのなかで、現在有名なのは新渡戸稲造の『BUSHIDO, THE SOUL OF JAPAN』（後に邦訳されて『武士道』と題された）であろう。筆者も、前著『戦場の精神史』では、新渡戸を大きく取り上げた。それは、「だまし討ち」をテーマとした前著において、「武士道」という言葉を「フェア・プレイ」という概念と結びつけた点において、新渡戸が非常に重要だったからである。

しかし、前著でも述べたように、二〇世紀前半に大流行した「武士道」論の中で、新渡戸は特殊な位置にあり、ほとんど孤立していたと言っても過言ではない。新渡戸が目指したのは、日本文化には西洋と相通ずるところがあることを示すことであり、西洋の古典の中に見出せる逸話と類似の例を日本や東洋の歴史から拾い出す形で叙述が進められる。新渡戸はアメリカにおいて、英語で同書を書いたのであり、読者として意識したのは欧米の人々であった。東洋文化に対する理解が未だ非常に貧しかった西洋人に対して、西洋文化と同じようなものが東洋にもある、とりわけ日本の「武士道」はヨーロッパの人々が誇る「騎士道」と同じものであると説いたわけである。

だが、そのような観点から「武士道」を論じたのはほとんど新渡戸のみであり、その他のおびただしい数に上る「武士道」論は、「武国」論の系譜を引くナショナリズムの産物であったといってよい。つまり、「武士道」とは「武国」たる日本人特有の精神であると主張するのが、近代「武士道」論の主流だったわけである。現在では、そうした事情は忘れられがちで、「武士道」論といえば新渡戸のみが知られているが、それは主流派の「武士道」論が、敗戦後、軍国主義と共に捨て去られたためである。

足立栗園『武士道発達史』

新渡戸稲造の『BUSHIDO, THE SOUL OF JAPAN』がアメリカで刊行されたのは、明治三十二年（一八九九）のことだったようである（刊年は、櫻井鷗村訳で明治四十一年に刊行された丁未出版社版『武士道』への自序による。一九〇〇年刊とされることも多い）。

日本では、その前年、明治三十一年（一八九八）二月に雑誌『武士道』が大日本武術講習会から刊行され、同年五月に四号まで出たことが確認できる。また、明治三十二年には三上礼次『日本武士道』が、重野《しげの》安繹《やすつぐ》の序文や山岡鉄舟の写真を巻頭に掲げて刊行されている（「売捌所」は三神開雲堂）。そして、二年後の明治三十四年（一九〇一）六月には、足立栗園《りつえん》『武士道発達史』が、井上哲次郎の序文を伴って、積善館から刊行され、同年七月には、井上哲次郎の『武士道』が兵事雑誌社から刊行された。

「武士道」論は、この頃から盛んになるのである。日清戦争（一八九四〜九五年）に勝利をおさめた要因として「武士道」が喧伝されたことや、明治二十年頃からの反欧化主義の流れが理由として挙げられよう。「武士道」がこの頃から急に流行りだしたという点は、

「武士道」論書の一つである清原貞雄『武士道史十講』（目黒書店、一九二七年）にも記されているとおりである。

さて、それらのなかで、ここではまず、足立栗園『武士道発達史』に注目しておきたい。同書は、おそらく史上初めて、「武士道」を歴史的に説明しようとした書である。著者の足立栗園は、この頃から旺盛な著作活動を始め、昭和前期までに、倫理学・青少年道徳・近世思想・国防論・海事史などの分野で、非常に多くの書物を著した人物である。

同書は巻頭に「武士道は日本民族尚武の気象に淵源せるものにして、一種我邦に特異なるものなり」と始まる、井上哲次郎の序を置く。新渡戸のような普遍主義とは対照的に、「武士道」は「尚武の気象」を持つ「日本民族」固有のものだという、『勅諭衍義』冒頭にも似た主張である。

著者である足立自身の著述は、「緒言　武士道とは何ぞや」から始まる。その中では、「武士道」の歴史は次のように概括される。

「武士道」と名の付く道は、近世になってできたものに相違ない。古来少しずつ養われてきた「諸徳」が近世になって復興され、文教の力で立派なものになったのであろう。我が国民は江戸時代初期に生まれ変わったように、前代の美徳を復興したのである。（要約）

「生まれ変わった」「復興」といった表現を用いるとはいえ、足立栗園が「武士道と名の付く道は近世になってできた」と断言するのは興味深い。実際、「武士道」の語が使われるようになるのは中世極末期以降、ほぼ近世のことである。

『武士道発達史』と「武国」神話

だが、それでは、足立自身は、日本人は古来「尚武」の気象を持つという「武国」論とは無縁なのだろうか。そうではない。右の内容に続く文は次のようなものである。

その経過を尋ねてみると、我が国民の忠孝心は、もとより「上代の武夫、即ち天孫人種」にほとんど固有のものであって、それが「人代」となっても継続したものであったが、それら忠孝思想は儒教などの力で一層よく国民の脳裏にしみこみ、ために国民皆兵ということになって……（以下略）。

「武士道」は近世にできたという断言の後、一転して、それは神代の時代から存在した「忠孝心」が「人代」に引き継がれたものであったというわけである。

そして、「緒言」に続く第一章は「細戈千足国《くわしほこちたるのくに》」と題され、次のように始まる。

武士道の本質を知ろうと思えば、何はさておき、我が日本国が古来武勇の国であったことをまず承知しておかねばならない。我が国はその昔、「細戈千足国」と称した。

これは軍器が備わり足りた国という意味で、かしこくも伊奘諾尊《いざなぎのみこと》が名づけ給うたとある。（中略）神代の昔から、我が国は武勇をもって世界万国に秀でていたことがわかる。つまり、足立は、「武士道」という道徳の成立そのものは近世としながらも、その本質をなす「武勇」の精神は神代まで遡ると述べているわけである。「武士道」の起源を近世だとすれば、それは外国文化である儒教の影響によって生まれたということになってしまいかねない。それでは、「天孫人種」に由来する「日本民族」固有の「尚武の気象」を説いていた井上哲次郎の序文とは矛盾してしまう。「武勇」の起源ははるか昔に置き、近世にはその精神が「復興」したのだと説くことにより、その矛盾は何とか回避されている。

とはいえ、神代以来の「忠孝心」や「武勇」が、合戦の多かった古代・中世の間ずっと伏流し、平和な近世になって突然「武士道」として復興されたという展望もまた、わかりやすいとは言い難い。おそらく、実際にはほぼ近世に始まる言葉である「武士道」について論じながら、「武」の起源を神代に求める近世「武国」論の伝統を取り込んだために、こうした無理が生じているのである。

ともあれ、近代「武士道」論も近世の「武国」神話を引きずっていたことが確認できるわけである。

井上哲次郎の『武士道』

『武士道発達史』に序文を寄せた井上哲次郎（一八五五〜一九四四）は、東京大学哲学科の第一回卒業生であり、ドイツに留学後、日本人として初めて東京帝大哲学科の教授となった哲学界の大御所である。外山正一《とやままさかず》・矢田部良吉と共に『新体詩抄』を出したことでも知られ、また道徳教育など教育関係の発言も多かった。『教育勅語』の注釈である『勅語衍義』（明治二十三年〈一八九〇〉刊）を書いたことでも知られる。東大の他にも多くの大学で教え、貴族院議員なども歴任した。

井上哲次郎（『井上哲次郎自伝』より）

井上は「武士道」論にも熱心であった。『武士道発達史』に一ヶ月遅れて、明治三十四年（一九〇一）七月に自身の著『武士道』を刊行する（兵事雑誌社）。といっても、これは講話体の小冊子（四六判、全六五頁）に過ぎないが、井上はその後、明治三十八年には「武士道」関係の典籍を集めた『武士道叢書』全三冊を有馬祐政《すけまさ》との共編で博文館から刊行する。「武国」

論的な近代「武士道」論を主導したのは、明らかに井上哲次郎である。

井上の『武士道』は、「武士道は太古よりあったものと言って決してさしつかえないと考えます」と述べつつも、「武士道が大いに発達したのは鎌倉時代のことに相違ありませぬ」とも述べる。さらに、「それで段々鎌倉時代より発達して（中略）徳川氏の時代に至って大いに発達したことは疑いないようであります」ともいう。これでは古代・中世・近世のどこに重点を置いているのかわからないが、井上も足立栗園と同様、実際には近世に重点を置いて「武士道」を考えていたようである。というのは、全六五頁のうち、一五頁後半から五一頁前半までの計三六頁、全体の過半を割いて山鹿素行を「武士道の祖師」と賞賛しているからである。足立に見たような矛盾は井上のものでもあったわけである。

いや、井上哲次郎こそ、近代「武士道」論の矛盾を体現する存在である。井上は、『国民道徳概論』（三省堂、明治四十五年〈一九一二〉）において、「国民道徳」とは国民が無意識に、自然に発展させてきた道徳であると強調する。それは「神道」であり「武士道」であり、祖先崇拝であり家族制度であったと井上は説くのである。そうであるからには、「武士道」も、外国の影響を受ける以前から日本人が持っていたものでなくてはならない。そこに近世「武国」論との契合を見ることはたやすい。近世「武国」論の基調は、仏教や儒教などの伝来によって損なわれてしまった、日本人本来の精神を取り戻せという主張であった。井上の場合、儒教や仏教に対して必ずしも否定的ではないが、「武士道」などを日本人が本来、独自に自然に創り出した道徳として位置づけるためには、その起源は仏教や儒教の伝来以前でなくてはならない。

井上哲次郎の場合、注意しておかねばならないのは、そうした「国民道徳」に基づいて「国民教育」がなされねばならないと主張する点である。井上は哲学者・倫理学者であると同時に実践的な道徳教育に携わる教育者でもあった。彼の道徳論は教育論と不可分である。

前節までに見てきた近世「武国」論は、それなりの広がりを見せており、庶民にも日本を「武国」と信じる者があったことも見てきたとおりだが、それは「国民」に組織的に教え込まれるようなものではなかったし、皆が同じ考えを持っているわけでもなかった。ナショナリズムの立場をとる者が「武国」論者であったとは限らないことも、本居宣長などについて、前章で見てきた。

しかし、近代国家は、「国民」に組織的に均一な教育を施し、同じ思想を共有する「国民」を育成する。日本人が「武国」という自意識を持ち始めた一六世紀末から三百年ほどを経て、「武国」はようやく完成したのかもしれない。いや、それが完成した時には、日本は既に「武国」ではなく「軍国」であったというべきだろうか。

重野安繹と「武士道」論

井上哲次郎と前後する時期に、「天瓊矛」などの神話を起点に置いた「武士道」論が説かれていたことは、松本愛重《あいじゅう》「武士道の話」（雑誌『天則』四巻五号、明治二十四年〈一八九一〉一一月。『現代大家武士道叢論』再録）、同「武士道」（『国史論纂』、國學院、明治三十六年〈一九〇三〉）などにも見られる。同様の文章は他にも見出すことができよう。

だが、ここでは、重野安繹《しげのやすつぐ》・日下寛《くさかひろし》『日本武士道』に注目しておきたい。明治四十二年（一九〇九）、大修堂から刊行された書物である。通史の形で書かれる同書の「第一篇　武士道の本原　第一章　建国の精神」は、次のように書き始められる。

我が国の武士道は、遠くその淵源を尋ねると、その端緒は既に神代に発し、建国と共に起こったものである。伊弉諾《イザナギ》・伊弉冉《イザナミ》二神が天瓊矛《あめのぬぼこ》をもって大八洲をお闢《ひら》きになったのをはじめとして、天照大神が宝剣を三種の神器の一つにお加えになったように（中略――オオナムチ、垂仁天皇、成務天皇の例などを挙げる）、これらは皆、武をもって国のもととし、国民尚武の気象を養成してきたものばかりである。

近世「武国」論の伝統が、ここにも忠実に継承されていることは明らかである。

この書に注目したいのは、著者が重野安繹（一八二七～一九一〇）だからである。もっとも、おそらく実際に筆を執ったのは共著者の日下寛であった可能性が強い。日下寛も、明治後半から大正にかけて、日本中世史や漢文学などの分野で多くの著述を残した人物だが、日本史学を代表する老大家であった重野安繹ほどの重みはなく、重野は監修的な立場であったと推察される。しかし、とはいえ、重野が共著者として名を連ねる書物の冒頭が、このように書き始められているわけである。

重野安繹（『日本武士道』より）

重野安繹は、近代日本史学の祖ともいうべき人物である。明治十五年（一八八二）から編纂が始まった『大日本編年史』は、現在も刊行が続いている『大日本史料』の前身だが、これを作り始めたのが重野安繹であった。重野は史料批判を尊重する厳密な実証主義者として知られ、児島高徳非実在説などによって、史実の考証よりも歴史から教訓を引き出すことを重視する人々から激しく攻撃され、「抹殺博士」などとあだ名された。その重野が、一方では、このような書物を出していたわけである。

重野自身が単独で書いている論文「武士道

は物部大伴二氏に興り法律政治は藤原氏に成る」(『現代大家武士道叢論』所収)では、題名どおり、「武士道」の起源を上代の物部・大伴両氏に見ている。そこでは神話にはふれていないわけだが、重野の論点としては「武士道」の起源が古いということが重要だった。重野は言う。

武士道という言葉は、鎌倉時代以後、多く使われるようになったのだろう。しかし、武士道というものは「日本の国体」といってよいほどのものであるから、決して源平以後に始まったものではない。もとよりまた、「世間の人」も、武士道というものを源平以後のものだとばかり考えている者はまずあるまい。

やはり「武士道」の上代起源を説いているわけだが、それを「日本の国体」とまで言っているのは注目に値しよう。日本は上代から「武士道」を「国体」とする国だったというのである。

重野は実証主義の歴史家として有名である一方、国家主義者であり、「武国」論者でもあった(この時代の知識人としては特に変わったことではないが)。たとえば、重野も井上哲次郎に少し遅れて、『教育勅語』の注釈『教育勅諭衍義』(明治二十五年〈一八九二〉刊)を著している。それは、「一旦緩急あれば義勇公に奉じ」の項に『軍人勅諭』の全文を引用して軍人精神と国民道徳の一致を説くなど、『教育勅語』の性格を『軍人勅諭』に接近させたものとされている（梅溪昇）。その時代のすぐれた知識人が、現代から見れば奇矯な「武国」論者であるという例は、近世から近代にかけて多いのである。

ともあれ、哲学の井上哲次郎、歴史学の重野安繹といった、各々の学問を代表する大家が、このように、日本は本来「武」の国だと説いていたわけである。

昭和の歴史学と「武士道」論

このような状況は、大正・昭和期にも引き継がれた。橋本實『武士道の史的研究』（雄山閣、昭和九年〈一九三四〉）は、当時の「武士道」論を次の四説に整理している。

第一説…武士道は建国当初より存在するものである。
第二説…武士道の成立は武士勃興以後だが、その源流は遠く建国精神にある。
第三説…武士道は全く武士の勃興以後に成立したものである。
第四説…武士道は明治時代になって初めて現れたものである。

第一説とは、つまり、武士が現れるよりも前から「武士道」精神が存在していたという摩訶不思議な説であり、第二説も、橋本が「第一説と同巧《（ママ）》異曲」とするように、第一説をやわらげたものに過ぎない。だが、このような「学説」が、学界の第一人者というべき人物によって説かれていたことは右に見てきたとおりである（橋本も、第一説の主唱者として、

「歴史家」では重野安繹、「倫理学者」では井上哲次郎の名を、その他、「倫理学者」として深作安文、「神道家」として田中義能などの名を挙げている)。

橋本自身は第三説の立場で、重野や井上等々の説を批判する。その批判は至極まっとうなものである。たとえば、大伴家持の「海ゆかば水漬《みづ》くかばね、山ゆかば草むすかばね」が天皇に対する忠義を歌っているのに対し、頼朝の時代の武士の忠義は従者の主君に対するものであって、両者は別のものと考えねばならない——などといった批判は、あまりにも当然といえよう。そうでなければ承久の乱で後鳥羽院が敗れて配流されたり、南朝が滅亡に追いやられたりすることもなかったはずではないか。

また、第一説や第二説の論者が、「大和魂」と「武士道」とを明確な定義づけをしないままに混同しているという批判も、全く正当であろう(前述のように、そもそも「大和魂」を愛国心や忠義と同一視すること自体、実は新しい用法であるわけだが)。さらに、こうした混同の先例が近世の「兵学者」のなかに見出せるという指摘もあるのは、筆者が本書で述べている「武国」論の問題の先駆的な指摘として注目される。

橋本實は、この書の後も中世史などの分野でいくつかの著作を残している。このように、重野安繹や井上哲次郎などといった大権威の論を批判する論者が、学問の世界には存在していたわけである。この点は、この時代の日本人の名誉のために確認しておきたい。ただし、それはおそらく学問の世界の中にとどまり、世間一般には、重野や井上のような「武国」論が圧倒的な力を持っていたと見るべきであろう。

戦時下の「武国」論

昭和十六年（一九四一）十二月十九日、真珠湾攻撃の十一日後に、日本陸軍は香港に上陸した。辻田真佐憲が指摘するように、その戦果は、大本営によって次のように発表された。

帝国現地陸海軍最高指揮官は、「肇国《ちょうこく》の武士道精神」に基づき、香港総督に対して二回にわたって降伏を勧告したが、頑迷な敵はそれを拒絶したので、やむを得ず断乎として鉄槌的打撃を加えることに決めたのである。

辻田は、中世に由来する「武士道」に、「国のはじめ」を意味する「肇国」の語を用いるのは過剰修飾ではないかと疑問を呈している。もっともな疑問ではあるのだが、右に見たように、当時「武士道」は「建国当初」より存在したというのが有力な「学説」であった以上、その点に関する限り、大本営だけがおかしいというわけではないだろう。

その一週間あまり後、読売新聞の同年十二月二十八日付朝刊には、井上哲次郎が「米英に神の鞭——我大勝は『清明心』にあり」という題で、香港上陸を評する文章を寄せている。その書き出しは次のようなものである。

わが日本は他国とよほど違った特色を有し、神代からそれがよく現れている。日本はたしかに道徳的な国家である。それが神代に既によく現れていて、それ以来、その精神が発達して今日に至るのである。

日本には古来「清明心」があり、「武士道」もそれによって発達してきた。一方、米英にはそれがなく、「黒く穢《きたな》き心」によって世界を征服しようとしてきた。今回、香港が陥落したのは、米英の悪行の因果応報であり、それを打ち破る日本の責任は大きい。また、日本に乃木将軍や東郷元帥のような名将が現れ、真に強い軍隊を持っている点も、アメリカなどとは異なる伝統によることだ——といったあたりが、この文の趣旨である。

その翌年、昭和十七年（一九四二）から、井上哲次郎は、『武士道全書』を時代社から刊行した。明治三十八年に刊行した『武士道叢書』全三巻を大幅に増補し、別巻を含めて全十三巻としたものである。紙をはじめとする資源が足りなくなり、出版事業がさまざまな制限を受ける中で、この叢書は昭和十九年（一九四四）四月に別巻を出して、堂々と完結した。佐伯有義・植木直一郎・井野辺茂雄を編者に据え、既に九十歳に近かった井上は監修者となっているが、その第一巻に寄せた序文には、次のような一節がある。

人によっては、武士道は鎌倉時代より起こったものである、と、こういうのである。

これが内外の人にある。しかしそれは非常な間違いで、武士道は神代より起こって来たもので、そして神武天皇以来、次第に発達を遂げたもので、もう『古事記』『日本書紀』に武士道の事はいろいろ見えているのみならず、『万葉集』には雄大なる武士道の精神を謳《うた》った名篇傑作もある。（以下略）

かつて井上自身が著した『武士道』などと比べて論旨はいささか変化しており、文体も冷静さを欠くのは、年齢のせいなのか、時局のせいなのか。いずれにせよ、この時期の日本の病んだ熱狂を象徴しているように感じるのは筆者だけだろうか。

「軍国」の国民道徳

ここで話題は最初に戻る。一章1節で取り上げた『ヨイコドモ』は、昭和十六年（一九四一）二月に発行された教科書であった。まさにこの時期に使用されたわけである。その「日本ヨイ國、キヨイ國」「日本ヨイ國、強イ國」という言葉は、井上哲次郎の言うような「清明心」、清く明るく、かつ同時に「武士道」の強さを持った国というイメージの表現であるといってよいだろう。そして、それは「神代から起こってきたもの」なのである。世界中で日本だけが、そういう特別な歴史を持っている「神ノ國」であり、「世界ニカガヤク　エライ國」だというわけである。

古代から日本人が自意識としていた「神国」意識は、このような形で「武国」意識と、そして自国優越意識や天皇崇拝と一体化し、日本史上において特殊な一時期を創り出した。「武国」意識は一六世紀末頃から見られるようになったものだが、それが天皇崇拝と結びつくのは、主に一九世紀の後期水戸学など、尊皇攘夷の思潮の中においてであったというべきだろう。

そして、二〇世紀前半には、そうした意識が「国民道徳」として、日本中を染め上げることになる。それは内容的にも江戸時代の「武国」論の多くと異なっているが、より重要な問題は、この教科書に見るように、そうした思想が学校教育を通じて、すべての日本人に幼い時から組織的に教え込まれたことである。それによって、日本は「武国」というよりも「軍国」と化した。

しかし、そのような時期はごく短かった。近世「武国」論を継承した近代「武士道」論が流行を始めた一八九〇年代後半から敗戦の一九四五年までは、ちょうど五十年程度である。国民全体が「軍国」の民であったのは、その時期のことだといってよいのではないか。そして、『ヨイコドモ』が教科書として使われたのは、わずか五年間に満たない。

とはいえ、そうした国の形が敗戦によって突然に崩壊し、国家のあり方が劇的に変化したため、その整理は未だに終わっていない面もあろう。そうした時期の思潮をどうとらえるかは、現代の日本人にとってもなお重要な課題であり続けているといえるのではないか。その時期の日本人の考え方はどのように創られたのか、前代から何を引き継ぎ、何を変えていたのか――そうした問題を考えるという課題は、なお今後に残されている面があると思われる。

おわりに

「武国」論の流れ

本書では、「武国」論を中心に、日本人の自意識の歴史を見てきた。叙述の都合上、時代的に行きつ戻りつしたことも少なくないので、ここで、その流れを時代順に簡単に振り返り、まとめておこう。

古代から存在した「神国」意識は、神功皇后説話においては自国優越意識と結びついているが、平安時代から鎌倉時代には、むしろ粟散辺土意識とワンセットで、自国を「辺境の弱小国だが、多くの神々がいて常に守ってくれる国」と意識するものであった。

日本が「武」にすぐれているという言説は、鎌倉初期頃から見られるようになる。といっても、当初のそれは日本の弓矢が大きいという単純な事実の認識などにとどまり、日本の誇りというほどのことではなかった。蒙古襲来の頃の東巌慧安も、日本の武士は強いという認識を示しはしたが、それは国家にとって必ずしも長所ではないという判断を伴うものであった。合戦を主な題材とする軍記物語においても、『平家物語』などの段階では、国家は本来、徳によって治められるべきものであり、「武」は末代になってやむを得ず必要となるものに過ぎないと見られていた。武士は、あるいは「武」は、未だ意識の上で社会の中心に位置を占めていなかったのである。古代から中世日本人の自意識は基本的に「神国」であり、「武国」ではなかった。

一五世紀前半頃の『義貞軍記』は、軍記物語ではないが、武士が自らの道としての「武」を標榜した書物である。公家が詩歌管絃などの「文」に生きるのに対して、武士は弓馬合戦の「武」の道に生きるのだとする。現実の武士が常に「文」を排除したわけではないが、戦国時代の武士のなかには「文」を排し、純粋な「武」に生きようとする者もあった。

そのように「文」に対置される「武」は、武士階級が国家の実権を握るにつれて、国家レベルの自意識に拡大する。〈文＝公家〉対〈武＝武士〉という階級間の構図が、〈文国＝中国〉対〈武国＝日本〉という国家間の構図に置き換えられるのである。豊臣秀吉には、そうした認識が見られる。秀吉の朝鮮出兵は、実際には惨憺たる失敗だったが、後世には「武国」の「武威」を輝かした事件として語られてゆく。義経の物語なども日本人の「武威」の優越を語り、「武国」認識を広めただろうし、演劇・芸能が庶民に与えた影響も大きいだろう。また、一方では、日本が「武国」である根拠が、神話の改作などによって理論的に整備され、「武国」史観とでもいうべきものが形成される。江戸時代には、そのようにして、「武国」という自意識が日本人の間に広まった。

そして、江戸末期、尊皇攘夷の思潮の中で「武国」論は発展し、そのまま近代に引き継がれる。もっとも、「武国」論は江戸時代には庶民にも広まったとはいえ、すべての日本人が「武国」を誇るような意識を持ったわけでは決してない。しかし、一九世紀末から二〇世紀前半にかけては、学校教育によって、「武国」論に基づく精神が、すべての国民に刷り込まれるに至るのである。

伝統とは何か

つまり、「武国」意識は中世に芽生え、近世を通じて成長し、近代には国民全体に浸透した。国民全体がそうした意識でほぼ一色に染め上げられたといえるのは、一九世紀末期から二〇世紀前半の五十年間程度かと思われるが、一六世紀末頃から二〇世紀前半までの三百五十年ほどの時間はそれなりに長い。日本人は、平和国家という自意識を持つ以前に、そのような歴史を持っていた。

しかしながら、日本の歴史そのものは、それよりはるかに長い。「日本」という国号を用い始めてからでも千三百年以上が経過しているし、「倭の五王」の時代から数えれば千五百年は軽く越えている。卑弥呼のいた邪馬台国を「日本」と呼ぶのは疑問だが、もしその時代から数えるならば千八百年に近い。そうした長い歴史の中で、「武国」という自意識を持っていた時代は、ごく一部であるということになる。日本人は、自分の国を「武」の国だなどと思っていない時代の方が、はるかに長かったのであり、平安時代から室町時代には、むしろ「武」を否定的に見る文化が主流だった。文化や人々の意識は、不断に変化している。「武国」意識を日本の「変わらぬ伝統」などと呼ぶことはできないわけである。

もっとも、日本の歴史全体の中では相対的に短い時間だとしても、三百五十年も続いたものは十分に一つの伝統と言えるという意見もあろう。それは全くそのとおりである。また、私たちが「伝統」として継承できるのは、はるか昔の文化ではなく、自分たちに近い時代の文化であることも確かである。ただし、だとすれば、二〇世紀半ばから、既に七十年を越えた平和国家としての自意識も、既に伝統と呼ぶ資格を備えているだろう。問題は必ずしも長さや古さではない。たとえば、「神国」意識は、内容的には大きな変化をとげてきたとはいえ、日本人の自意識として圧倒的に長い歴史を持っているだろうが、今さら「神国」意識を取り戻せなどと主張する日本人は多くはあるまい。もちろん筆者も、そんなつもりはさらさらない。

問題は、「伝統」をどう守るかを考える以前に、「伝統」とは何かをよく考える必要があるということである。「伝統」と称するもののなかには、「はるか昔から続いている」、あるいは「はるか昔に起源があるが近年は途絶えている」などと称しつつ、実は新しく作られたものがしばしば混じっている。そしてまた、「過去の伝統を取り戻す」と称して行われる事柄が、実は過去の文化への無理解に基づく伝統破壊であることも珍しくない。ありもしない「武の黄金時代」を遠い過去に設定する「武国」論のなかに、そうした事例がしばしば見受けられたことは、本書で見てきたとおりである。それは「武国」論に限った問題ではないだろう。私たちが「伝統」について考える場合には、そうした詐術を見破る力を持つ必要がある。

そうした力を身につけた上で、真に過去に蓄積されてきた伝統を見つめ、心からその良さを感じ、守るべきであると判断できる伝統を見きわめて、将来に引き継いでゆくことが必要であろう。そのためには、何よりも、私たちが過去の文化を、深く正確に理解せねばならない。そうした問題を考える上で、本書がもし少しでも役に立つことがあるなら幸いである。

参考文献

＊印は文中に著者名を引いたもの。それ以外は、明示した引用はしていないが重要な参考文献としたもの。章ごとに著者五十音順で掲げた。

第一章

新井孝重『戦争の日本史7 蒙古襲来』（吉川弘文館、二〇〇七年）
池内敏『大君外交と武威——近世日本の国際秩序と朝鮮観』（名古屋大学出版会、二〇〇六年）
鍛代敏雄『神国論の系譜』（法藏館、二〇〇六年）
金時徳『異国征伐戦記の世界——韓半島・琉球列島・蝦夷地』（笠間書院、二〇一〇年）
＊佐伯真一「神功皇后説話の屈折点」（『日本文学』二〇一八年一月）
＊佐藤弘夫『神国日本』（ちくま新書、二〇〇六年）
杉山正明「モンゴル時代のアフロ・ユーラシアと日本」（近藤成一編『日本の時代史9 モンゴルの襲来』、吉川弘文館、二〇〇三年）
直木孝次郎『日本古代の氏族と天皇』（塙書房、一九六四年）
＊南基鶴《ナムキハク》『蒙古襲来と鎌倉幕府』（臨川書店、一九九六年）

村井章介『アジアのなかの中世日本』(校倉書房、一九八八年)

第二章

＊池内敏『大君外交と武威――近世日本の国際秩序と朝鮮観』(名古屋大学出版会、二〇〇六年)
石川元助『毒矢の文化』(紀伊國屋新書、一九六三年)
＊今井正之助『『太平記秘伝理尽鈔』研究』(汲古書院、二〇一二年)
＊小川剛生『武士はなぜ歌を詠むか――鎌倉将軍から戦国大名まで』(角川学芸出版、二〇〇八年)
近藤好和『中世的武具の成立と武士』(吉川弘文館、二〇〇〇年)
＊佐伯真一『戦場の精神史』(日本放送出版協会、二〇〇四年)
＊佐伯真一「「兵の道」・「弓箭の道」考」(武久堅編『中世軍記の展望台』、和泉書院、二〇〇六年)
＊酒井憲二『甲陽軍鑑大成』(汲古書院、一九九四年)、「甲陽軍鑑の伝写に見る中近世移行期の語詞」(『国語と国文学』二〇〇三年二月)
＊佐倉由泰『軍記物語の機構』(汲古書院、二〇一一年二月)
＊鈴木登美恵「「太平記」と功名譚――「赤松世系覚書」をめぐって」(お茶の水女子大学『国文』四九号、一九七八年九月)
＊髙橋昌明『武士の成立 武士像の創出』(東京大学出版会、一九九九年)
永積安明『軍記物語の世界』(朝日新聞社、一九七八年)
＊萩谷朴『松浦宮全注釈』(若草書房、一九九七年)

*樋口芳麻呂『新編日本古典文学全集 松浦宮物語・無名草子』（小学館、一九九九年）
*W・マクニール『戦争の世界史』（高橋均訳、刀水書房、二〇〇二年）

第三章

*朝尾直弘『将軍権力の創出』（岩波書店、一九九四年）、『朝尾直弘著作集 五』（岩波書店、二〇〇四年）
*阿部一彦『『太閤記』とその周辺』（和泉書院、一九九七年）
李元植《イウオンシク》『朝鮮通信使の研究』（思文閣出版、一九九七年）
北島万次『豊臣秀吉の朝鮮侵略』（吉川弘文館、一九九五年）
*金時徳『異国征伐戦記の世界――韓半島・琉球列島・蝦夷地』（笠間書院、二〇一〇年）
*鈴木彰「再編される十六世紀の戦場体験――島津氏由緒との関わりから」（『文学』二〇一二年九月）、「泗川の戦いにおける奇瑞の演出――島津氏を護る狐のこと」（『国文学研究』一六九集、二〇一三年三月）、「『征韓録』から『征韓武録』へ――読みかえられる泗川の戦いと狐出現の奇瑞」（『アジア遊学 一六一「偽」なるものの「射程」』、勉誠出版、二〇一三年）
*平重道『吉川神道の基礎的研究』（吉川弘文館、一九六六年）、『近世日本思想史研究』（吉川弘文館、一九六九年）
玉懸博之「素行歴史思想の核心をなすもの――その神代観をめぐって」（『文芸研究』一三七集、一九九四年九月）、「山鹿素行の歴史思想――その歴史的世界と日本歴史の像」（『日本思想史研究』二七号、一九九五年三月）

＊崔官《チエグアン》『文禄・慶長の役――文学に刻まれた戦争』（講談社、一九九四年）
朝鮮日々記研究会『朝鮮日々記を読む――真宗僧が見た秀吉の朝鮮侵略』（法藏館、二〇〇〇年）
中野等『戦争の日本史16 文禄・慶長の役』（吉川弘文館、二〇〇八年）
＊前田勉「近世日本の「武国」観念」（『日本思想史 その普遍と特殊』、ぺりかん社、一九九七年）、『兵学と朱子学・蘭学・国学』、平凡社選書、二〇〇六年）
＊森本あんり『反知性主義――アメリカが生んだ「熱病」の正体』（新潮社、二〇一五年）
＊柳沢昌紀「『太閤記』朝鮮陣関連記事の虚構――日付改変の様相をめぐって」（『近世文芸』六五号、一九九七年一月）

第四章

池内敏『大君外交と武威――近世日本の国際秩序と朝鮮観』（名古屋大学出版会、二〇〇六年）
岩崎克己『義経入夷渡満説書誌』（非売品、一九四三年）
＊梅溪昇『軍人勅諭成立史――天皇制国家観の成立〈上〉』（青史出版、二〇〇〇年）、『教育勅語成立史――天皇制国家観の成立〈下〉』（青史出版、二〇〇〇年）
大城実「『異本義経記』の検討」（『軍記文学研究叢書11 曾我・義経記の世界』、汲古書院、一九九七年）
菊池勇夫『幕藩体制と蝦夷地』（雄山閣、一九八四年）
＊金田一京助「義経入夷伝説考」「英雄不死伝説の見地から」（『金田一京助全集 一二』、三省堂、一九九三年）

＊斎藤正二「「やまとだましい」の文化史」（『斎藤正二著作選集 六』、八坂書房、二〇〇一年）
＊佐伯真一『戦場の精神史』（日本放送出版協会、二〇〇四年）
＊佐伯真一「「武士道」研究の現在——歴史的語彙と概念をめぐって」（小島道裕編『武士と騎士』、思文閣出版、二〇一〇年）
＊島津久基『義経伝説と文学』（明治書院、一九三五年）
＊辻田真佐憲『大本営発表——改竄・隠蔽・捏造の太平洋戦争』（幻冬舎新書、二〇一六年）
＊徳竹由明「敗将の異国・異域渡航伝承を巡って——朝夷奈三郎義秀・源義経を中心に」（青山学院大学文学部日本文学科編『日本と〈異国〉の合戦と文学』、笠間書院、二〇一二年）
＊橋本實『武士道の史的研究』（雄山閣、一九三四年）
＊原田信男『義経伝説と為朝伝説——日本史の北と南』（岩波新書、二〇一七年）
春名徹『にっぽん音吉漂流記』（晶文社、一九七九年）
＊韓京子《ハンキョンジャ》「近松の浄瑠璃に描かれた「武の国」日本」（『日本人は日本をどうみてきたか』、笠間書院、二〇一五年）
＊目黒将史「〈薩琉軍記〉の歴史叙述——異国言説の学問的伝承」（『文学』二〇一五年三月）など。
＊森村宗冬『義経伝説と日本人』（平凡社新書、二〇〇五年）
高橋文博『人と思想144 吉田松陰』（清水書院、一九九八年）
＊渡辺匡一「為朝渡琉譚のゆくえ——齟齬する歴史認識と国家、地域、そして人」（『日本文学』二〇〇一年一月）

依拠テキスト

現代語訳などの形で本文を引用した作品に限る。文中に書誌などを記した近代の書物については省略した。章ごとに作品名の五十音順で掲げた。

第一章

『宇多天皇御記』……増補史料大成
『御曹子島渡』……『御伽草子』(日本古典文学大系)
『古今著聞集』……日本古典文学大系
『今昔物語集』……新日本古典文学大系
『春記』……増補史料大成
『神皇正統記』……日本古典文学大系
『大槐秘抄』……群書類従 二八
『太平記』……日本古典文学大系
『転法輪鈔』……『安居院唱導集 上』(角川書店)
「東巌慧安願文」その他東巌慧安文書……『鎌倉遺文』(東京堂出版)

『日本書紀』……日本古典文学大系
『日本三代実録』……国史大系
『八幡愚童訓』甲本……『寺社縁起』（日本思想大系）
『兵範記』……増補史料大成
『平家物語』延慶本……延慶本注釈の会編『延慶本平家物語全注釈』（汲古書院）
『平家物語』覚一本……日本古典文学大系
『保暦間記』……『校本保暦間記』（和泉書院、一九九九年）
『発心集』……日本古典集成
『六代勝事記』……『六代勝事記・五代帝王物語』（三弥井書店、中世の文学）

第二章

『宇治拾遺物語』……新日本古典文学大系
『閑居友』……新日本古典文学大系
『清正記』……続群書類従 二三上
『源平盛衰記』……『源平盛衰記 一〜八』（三弥井書店、中世の文学）
『甲陽軍鑑』……『甲陽軍鑑大成』（汲古書院）
『集義和書』……『熊沢蕃山』（日本思想大系）
『聖徳太子憲法玄恵注』……『聖徳太子全集 一』（臨川書店復刻版）

『将門記』……新編日本古典文学全集
『太平記』……日本古典文学大系
『難太平記』……群書類従 二一
『葉隠』……日本思想大系
『平家物語』延慶本……延慶本注釈の会編『延慶本平家物語全注釈』(汲古書院)
『平家物語』覚一本……日本古典文学大系
『平治物語』……新日本古典文学大系
『宝物集』……新日本古典文学大系
『発心集』……日本古典集成
『松浦宮物語』……新編日本古典文学全集
『明月記』……史料纂集
『義貞軍記』……群書類従 二三

第三章

『朝倉宗滴話記』……日本教育文庫
『視吾《あれみ》霊神行状抜書』……平重道『吉川神道の基礎的研究』
『絵本太閤記』……版本(青山学院大学蔵明治版)
『学論』……日本儒林叢書

『元元集』……平田俊春『神皇正統記の基礎的研究』(雄山閣、一九七九年)
『広益俗説弁』……平凡社東洋文庫
『江関筆談』……『新井白石全集 四』
『古事記伝』……『本居宣長全集 九』(筑摩書房)
『集義和書』……『熊沢蕃山』(日本思想大系)
『尚武論』……日本教育文庫
『神道天瓊矛記』……『神道叢説』(国書刊行会、一九一一年)
『新論』……『水戸学』(日本思想大系)
『征韓録』……『島津史料集』(第二期戦国史料叢書)
『征寇説』……『平野国臣伝記及遺稿』
『太閤記』……新日本古典文学大系
『謫居随筆』……『山鹿素行全集思想篇 第一二巻』
『謫居童問』……『山鹿素行全集思想篇 第一二巻』
『中朝事実』……『山鹿素行全集思想篇 第一三巻』
『朝鮮懲毖録』……元禄八年版 (国文学研究資料館蔵本)
『朝鮮日々記』……朝鮮日々記研究会『朝鮮日々記を読む——真宗僧が見た秀吉の朝鮮侵略』(法藏館、二〇〇〇年)
「天竺徳兵衛郷鏡」……『未翻刻戯曲集 五』(国立劇場調査養成部芸能調査室、一九七九年)
「豊臣秀吉朱印状」……『大日本古文書 家わけ第八 毛利家文書』

『南竜院様え視吾堂《あれみ》御返答申上候条々』……平重道『吉川神道の基礎的研究』
『配所残筆』……『山鹿素行全集思想篇 第一二巻』
『武家事紀』……『山鹿素行全集思想篇 第一三巻』
『文武訓』……日本教育文庫
「本朝三国志」……『近松全集 一一』
『山鹿随筆』……『山鹿素行全集思想篇 第一一巻』
『吉川視吾堂《あれみ》先生行状』……平重道『吉川神道の基礎的研究』
『吉野甚五左衛門覚書』……続群書類従 二〇下

第四章

『蝦夷談筆記』……『日本庶民生活史料集成 四』
『御曹子島渡』……『御伽草子』（日本古典文学大系）
『現代大家武士道叢論』……秋山梧庵編、博文館、一九〇五年
「急務策一則」……『吉田松陰全集 一』（岩波書店、全十巻原典版）
『軍人勅諭』……『軍人勅諭及戊申詔書英訳』（文部省、一九一三年）
『軍人勅諭衍義』……『武士道全書 一』
『幻雲文集』……続群書類従 一三上
『国学忘貝』……天明七年版（国会図書館蔵本）

「国性爺後日合戦」……『近松全集 一〇』
『国民道徳概論』……『シリーズ日本の宗教学 井上哲次郎集 二』（クレス出版、二〇〇三年）
『詩文拾遺』……『吉田松陰全集 四』（岩波書店、全十巻原典版）
『征寇説』……平野国臣顕彰会『平野国臣伝記及遺稿』（東京堂、一九一六年）
『続本朝通鑑』……国書刊行会刊『本朝通鑑』
『通俗義経蝦夷軍談』……梅原達治「〈資料紹介〉通俗義経蝦夷軍談」（『札幌大学総合論叢』三号、一九九七年三月）
『読史余論』……『新井白石』（日本思想大系）
『漂流記談』……茂住實男「『漂流記談』――栄力丸乗組員・利七漂流記談の翻刻と解題（一）～（四）」（『大倉山論集』三六～四三輯、一九九四年一二月～一九九九年三月）
『北窓瑣談』……『日本随筆大成 第二期 一五』
『戊午幽室文稿』……『吉田松陰全集 四』（岩波書店、全十巻原典版）
「源義経将棊経」……『近松全集 六』
『幽囚録』……『吉田松陰全集 一』（岩波書店、全十巻原典版）
『義経再興記』……内田弥八訳述、上田屋、一八八五年

あとがき

「だまし討ち」と「武士道」を論じた前著『戦場の精神史』（二〇〇四年）では、新渡戸稲造を大きく取り上げたが、その問題を調べていて意外だったことの一つは、近代「武士道」論のほとんどは新渡戸とは全く立場を異《こと》にするナショナリズムの論理だったことである。そしてその論理の根源、あるいは背景には、日本は本来「武国」であるという、近世から近代にかけて多く見られる主張が存在した。中世までの日本には見られなかったそのような主張が、近世以降にはそれほど有力なものだったとは、中世の狭い分野を専門としてきた筆者には思いもよらないことであった。だが、よく考えてみれば、そうした考え方は、筆者が専門とする軍記物語の理解にも、陰に陽に影響しているのだった。

しかし、近世以降の日本人が自国を「武国」と意識してきたという問題は、前田勉氏などの研究を除いて、あまり考察の対象とされてこなかったように思う。そもそも、自国意識の通時的研究などということが、現代の細分化された学問体系の中で、どの分野に属するのかも、よくわからない話である。前田氏をはじめとする日本思想史の諸氏や、歴史・文学分野の多くの研究に管見の範囲で学びつつ、自己流で考察を続けるしかなかった。

そうした考察を形にさせていただいたのが、拙稿「日本人の「武」の自意識」(渡辺節夫編『青山学院大学総合研究所叢書　近代国家の形成とエスニシティ』、勁草書房、二〇一四年)であり、これが本書の原型となった。これは、青山学院大学総合研究所において、歴史学・政治思想史・英文学・仏文学などの研究者が集まって行った共同研究の産物であり、本書のような考察は、そのような学問分野を超えた共同研究の場において初めて形をとることができたと言える。渡辺氏をはじめとする共著者諸氏と総合研究所に、改めてお礼申しあげる次第である。

その後、このテーマをさらに追究したいという思いは深まっていった。その一因は、昨今の日本の状況を見ていると、かつての「武国」論的な言説にも似た安易な自己肯定が目につき、これは単なる過去の問題ではないという気持ちが強くなったためでもある。そうした問題意識をうまく表現できたかどうかは怪しいものではあるけれども。

平凡社の保科孝夫さんには、このテーマで書きたいとわがままを言いつつも、なかなか書けずにご迷惑をおかけした。辛抱強くお待ちいただいた上、適切な副題を考えてくださった保科さんには、心から感謝を申しあげたい。

二〇一八年八月一日

佐伯真一

【著者】
佐伯真一（さえき しんいち）
1953年、千葉県生まれ。東京大学大学院人文科学研究科博士課程単位取得退学。博士（文学）。現在、青山学院大学文学部教授。専攻は日本中世文学。主な著書に、『戦場の精神史——武士道という幻影』（ＮＨＫブックス）、『建礼門院という悲劇』（角川選書）、『四部合戦状本平家物語全釈』（共著、和泉書院）、『平家物語大事典』（共編、東京書籍）などがある。

平凡社新書８９４

「武国」日本
自国意識とその罠

発行日——2018年10月15日　初版第１刷

著者———佐伯真一
発行者——下中美都
発行所——株式会社平凡社
東京都千代田区神田神保町3-29　〒101-0051
電話　東京（03）3230-6580［編集］
東京（03）3230-6573［営業］
振替　00180-0-29639
印刷・製本—図書印刷株式会社
装幀———菊地信義

ISBN978-4-582-85894-5
NDC分類番号121.02　新書判（17.2cm）　総ページ288
平凡社ホームページ　http://www.heibonsha.co.jp/